憘游 TAIWAN

中台湾二日游

苗栗·台中·南投·彰化·云林

行遍天下记者群 / 著

中国旅游出版社

目录

Part 1

苗 栗

赏玩老街部落 寻访幽湖峡谷
6 南庄

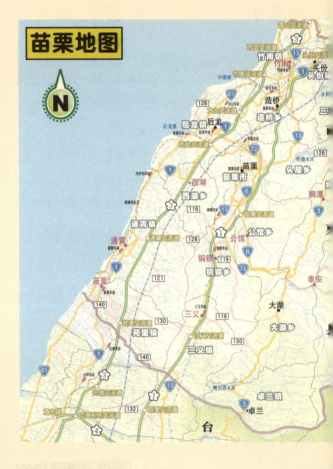

苗栗地图

N

登仙山 品茗茶 采草莓
10 狮潭

遇见泰安温泉客家情
14 泰安

台湾的油气之乡与陶艺重镇
18 公馆

苗栗县内的 18 个乡镇各有其不同的历史文化、产业及景观，如南庄的老街文化、三义的木雕工艺、泰安的温泉、苑里的蔺草及狮潭的桂竹笋等，它们都展现了苗栗少数民族与汉族多样的人文风采。

庙宇圣殿 海港风情
34 竹南

滨海游憩 乡镇文化逍遥游
30 通霄·苑里

木雕与铁路文化之旅
22 三义

乡村与宫廷的花花世界
26 铜锣·三义·大湖

南庄

建议行程

Day1
南庄老街 → 瓦禄工作坊 → 橄榄树民宿

Day2
橄榄树民宿 → 向天湖 → 山行玫瑰 →
石壁峡谷 → 石壁编织工坊 → 桂花园

赏玩老街部落
寻访幽湖峡谷

南庄有不同的少数民族，此地不仅蕴含了丰富的文化，自然风光更是令人赞叹！向天湖的幽静缥缈以及石壁峡谷的雄伟壮丽——这里的不同层次的美景吸引着游人的到来。

Day1

14:00
南庄老街
恋恋客家风情

南庄市区的老街现今仍遗留了一些早期因煤矿而繁荣一时的往日风采。老街上的南庄大戏院专门放映胶片影片；桂花巷因为巷里一家叫"桂花巷"的面店而得名。街道巷弄间充满浓浓的客家风情，以及令人难忘的怀旧古风。

Data
苗栗县南庄乡（中正路及中山路）

南庄老邮局

老邮局建于日本侵占时期，现改为纪念馆，出售桐花、少数民族及客家特色商品等。

Data
苗栗县南庄乡东村文化路 5 号
(037)824-553
平日 8:00~12:00，13:00~17:00；
假日 9:00~17:00
www.nanjhuang.org.tw/fyi/front/bin/ptlist.phtml?Category=105712

永凉制冰厂

永凉是家已有 30 年历史的制冰厂，出售传统的枝仔冰。这里的桂圆冰和擂茶冰最受游客欢迎。

Data
苗栗县南庄乡中正路 47 号
(037)822-207
7:00~21:00

16:00

瓦禄工作坊
赛夏人的编织风采

瓦禄工作坊的主人原是泰雅人，后来嫁给赛夏人。工作坊内的作品多用有赛夏人的传统色彩及图案的布料制作成各种服饰、头巾、腰裙等，还有实用的手提袋、背包、笔袋、铅笔盒等生活用品，备受游客青睐。

Data
🏠 苗栗县南庄乡东河村 111 号
📞 (037)823-797，请先电话咨询

如何抵达

南庄嬉游地图

N

124

苗21

● 山行玫瑰

● 南庄老邮局
永凉制冰厂
南庄老街 ● 南庄
● 桂花园
● 向天湖

● 瓦禄工作坊
■ 东河

● 石壁峡谷
■ 石壁
● 石壁编织工坊

南庄乡

■ 鹿场

● 橄榄树民宿

驾　车
1. 中山高北上：下苗栗交流道，走6号省道至汶水，接3号省道往北，在狮潭转124县道，可前往南庄
2. 中山高南下：下头份交流道，左转124县道，从珊珠湖接3号省道至三湾，续行124县道，进入南庄

公共交通
竹南火车站一苗栗客运一南庄（约60分钟）

加油站
南庄站加油站：苗栗县南庄乡中正路197号
电话：(037)822-401
长成加油站：苗栗县南庄乡员林村下员林68-3号
电话：(037)831-906

18:00 🍴 🏨
橄榄树民宿
心灵的世外桃源

被一片片红、黄、绿参差包围的优雅木质建筑，飘来阵阵橄榄清香及悠扬的轻音乐。橄榄树的主人欢迎大家随时造访这个充满灵性的艺术空间，或跟着主人一起采采橄榄、擂擂茶，享受别具风味的山中岁月。

Data
- 📍 苗栗县南庄乡蓬莱村 9 邻 42 份 7-3 号
- ☎ (037)825-825，0919-822-379
- 🕐 营业时间：10:00～19:00
  入住 15:00，退房 11:00
- 🌐 www.olive-tree.idv.tw

美食

主人特制的料理独具创意，如迷迭香鸡腿套餐，以鲜嫩的鸡肉搭配新鲜水果，来场色香味俱全的美食盛宴。游客们来到这里一定要好好品尝！

住宿

橄榄色窗帘、室外的翠绿及温馨的小木屋，套房内还挂有主人充满艺术风格的画作——这一切相互辉映、相得益彰。

Day2

9:00 🎠
向天湖
矮灵祭的神秘之湖

四周环绕着油茶林、桂竹林及杉树的向天湖，面积虽然不大，却充满一股仙境般的灵气。这里是赛夏人矮灵祭的主祭场，可以说是族人的圣地，湖畔还有商家出售各式小米酒。循着环湖步道漫步于湖山之间，一边享受着森林的芬多精，一边让大自然洗涤身心。

Data
- 📍 苗栗县南庄乡东河村
- ☎ (037)824-570（联络电话为参山国家风景区管理处南庄游客中心）

喝酒不开车

11:00 🍴
山行玫瑰
田园风光佐餐点

向天湖畔的山行玫瑰，是间艺术与自然交融的美丽餐厅。门前的池塘、花园及凉亭营造出静谧的田园氛围，用餐区每个座位都能远眺窗外的美景，而餐厅内主人与客人的艺术创作也别具一格。这里的玫瑰咖啡风味独特，值得品尝。

Data
- 📍 苗栗县南庄乡东河村 12 邻 25-1 号
- ☎ (037)824-938
- 🕐 10:00～18:00
- 💰 简餐 350 新台币、玫瑰咖啡 200 新台币、水果茶 200 新台币（皆附小茶点）

13:00 🐎
石壁峡谷
鬼斧神工的巨石峭壁

　　沿着风美产业道路经过石壁大桥，就能看到一片陡峭的大石壁；继续下行，经过苦花潭、鹿场山庄、风美瀑布群就隐藏在绿林小径和一片巨石区后方。虽然观赏瀑布需要先翻越重重的巨石、走过石壁吊桥，不过任山谷间飞溅的清凉水花喷洒在身上，仍是一种难得的体验。

Data
📍 沿风美产业道路过石壁大桥

15:00 🐎
石壁编织工坊
赏玩传统编织技艺

　　石壁编织工坊的主人来自台北，机缘巧合下嫁到南庄来。精于泰雅人及赛夏人的传统编织，多次荣获全台工艺奖的她，可是一位地地道道的汉族人。工作坊内除了有许多巧手创作的美丽织品，还提供咖啡饮品，给游客以视觉与味觉的双重享受。

Data
📍 苗栗县南庄乡东河村 2 邻 139 号
📞 (037)821-382、0937-891-327
🕐 9:00~17:00（周六、周日营业）
　　非假日需先预约

18:00 ☕
桂花园
客家风味暗飘香

Data
📍 苗栗县南庄乡南江村 5 邻 73-7 号
📞 (037)823-066
🕐 9:00~19:30
🌐 www.laurals.com.tw

　　桂花园无论建材还是屋内的古物，都经过精心挑选及搜罗，特意打造出一栋早期客家"一条龙"式的建筑，忠实地再现了传统客家农村风情。园如其名，这里种满了桂花，阵阵桂花清香飘散在空气中，而店家也以桂花入菜，为古老的客家味增添了淡雅清新的创意。

狮潭

Day1
狮潭观光草莓园→蓬莱工作坊→绿色山庄
Day2
绿色山庄→仙山风景区→仙山仙草→新丰茶
场茶叶大餐→鸣凤古道→泉明蚕业农场

建议行程

登仙山　品茗茶
采草莓

　　狮潭的纵谷地形使这座山谷里的乡镇仍保持着它原有的淳朴及秀丽。东边的仙山和西边的古道，还有当地飘着清香的茶园，让此地有如神话中的蓬莱仙境。

14:00
狮潭观光草莓园
鲜采草莓的新选择

　　除了大湖，狮潭也是草莓的盛产地之一。每到草莓成熟时节，狮潭路边尽是一颗颗鲜红娇嫩的草莓，让人忍不住想要停下车，享受采草莓的田野乐趣，品尝这些甜蜜多汁的美味。

Data

- 经过狮潭市区之后，沿着台3线南行，沿途就有不少观光草莓园
- 多半从 8:00~9:00 开始，至傍晚天黑之前结束

16:00 🐴

蓬莱工作坊
少数民族藤编艺术飨宴

曾多次获得台湾编织工艺奖，致力于发展少数民族传统竹藤工艺的潘三妹，是蓬莱工作坊的灵魂人物。她以赛夏人特有的斜纹、六角及绞编、螺旋编等编法，编织出渔笼及背筐等器物。像祭典用的臀铃则需要 30 个工作日才能完成，精美的作品中可见其耐心与细腻。

Data
🏠 苗栗县南庄乡蓬莱村 19 邻 117 号
📞 (037)821-226

18:00 🍴🍶🏠

绿色山庄
穿梭山林 体验四季之美

绿色山庄从玩、吃到住宿应有尽有，它占地约 50000 平方米，可说是全功能的度假休闲地，庄园内还有个超大泳池。春天的樱花、初夏的油桐花、盛夏的萤火虫以及秋天的枫红——这里一年四季各有不同景色及风采，等待游客到此发掘惊喜。

Data
🏠 苗栗县南庄乡蓬莱村 9 邻 42 份 8 号
📞 (037)821-305/823-967
🕐 入住 15:00，退房 11:00
🌐 www.037823967.com.tw
💰 双人房 2000~3000 新台币，四人房 3500 新台币，七人房 3500 新台币，十人房 3500 新台币，独栋别墅 4500 新台币，十二人房 4000 新台币，二十人房 12000 新台币

狮潭嬉游地图

如何抵达

驾 车
中山高至头份交流道下，接台 3 线南行，往三湾方向即可到达狮潭

公共交通
搭乘火车至苗栗火车站下车，转乘狮潭乡免费社区巴士至狮潭站下（一天 4 班）

加油站
狮潭站加油站；苗栗县狮潭乡新店村新店 9 之 1 号
电话：(037)931-276

Day2

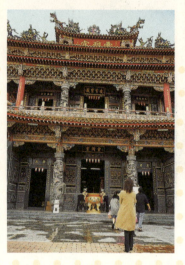

9:00

仙山风景区
灵山秀水有仙气

　　仙山风景区的灵洞宫十分有名，宫前的市集出售天山雪莲、七叶胆和白背山葡萄等特产。沿着灵洞宫旁的阶梯拾级而上，经过杉林步道，登上仙山的最高点，四周云雾缥缈，苍翠的山峦连绵不绝。

Data

🚗 从台3线沿着仙山的路标转往124甲县道，顺着蜿蜒的山路前进10多分钟，即可到达

仙水传说

　　从灵洞宫旁的阶梯往上走，可见协灵宫与仙水亭。相传这里的涌泉曾治愈居民的疟疾，故有仙水之称，至今仍有不少游客专程到此汲取仙水回去泡茶饮用。

11:00

仙山仙草
香弹去火清凉爽口

　　狮潭名产仙山仙草，以天然泉水和不施加化学肥料的仙草干为原料，熬煮8小时，充满客家风味。鲜嫩有弹性的仙草沁脾去火，是消暑的最佳良伴。

Data

🏠 苗栗县狮潭乡新店村7邻62号
📞 (037)932-318
🕐 8:00~17:30
🌐 www.laurals.com.tw

12:00 🍴

新丰茶场茶叶大餐
历史老店新味道

　　近年来，狮潭发展为茶叶之乡，其中新丰茶场最为知名。陈设古朴的茶场时时散发着一股清新的茶叶香气。来到这里除了可以买茶、品茗之外，古色古香的茶米飘香亭更以茶入菜，风味独特的茶叶大餐令人回味无穷。

Data
- 🏠 苗栗县狮潭乡新店村 8-4 号
- ☎ (037)932-336
- 🕐 平日 8:30~18:00，假日 8:00~20:00
- 💰 茶餐合菜 600~2500 新台币，单点约 100 新台币起；擂茶 240 新台币（2 人份、附茶点）、泡茶茶叶 150 新台币起、茶水费每人 50 新台币

14:00 🐴

鸣凤古道
鸟啭不绝的百年历史古道

　　古为少数民族打猎步道的鸣凤古道，至今已有百年历史，是全台十大古道之一。步入古道，即见果实累累的果园，再往下走则见茂密的树林，秋季可以观赏到整片的菅芒花。古道旁的潺潺溪水声与风声、鸟鸣，共同汇成大自然的交响曲，令人心旷神怡。

Data
- 📝 古道的入口位于台 3 线旁的义民庙附近，穿过义民庙旁的桥梁往山边前进，就会见到鸣凤古道的入口处指示牌

16:00 🐴

泉明蚕业农场
传统产业新体验

　　专门养育蚕宝宝的泉明蚕叶农场是座生态农场，园内有专人进行生动的导游解说，教游客认识蚕宝宝及各式蚕丝品，游客还可参观蚕丝被的制作过程。农场主人还规划开展蚕茧 DIY，让大家学会如何用蚕茧制作出有趣的玩偶及花朵。

Data
- 🏠 苗栗县狮潭乡永兴村 11 邻 14-1 号
- ☎ (037)931-264
- 🕐 9:00~18:00
- 💰 每人 30 新台币清洁费（含 1~1.5 小时的解说）

泰安

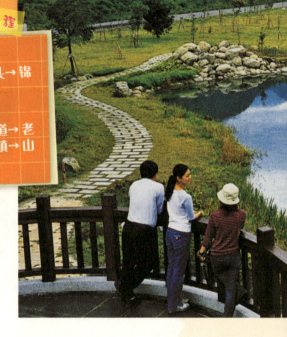

建议行程

Day1
雪霸"国家公园"管理处→温泉源头→锦水温泉饭店→锦水温泉

Day2
锦水温泉饭店→龙山部落·横龙古道→老顽童工食坊→清安豆腐街→汶水小镇→山中传奇咖啡屋

遇见泰安温泉客家情

　　泰安是个有山峦、有溪谷、有温泉、客家与泰雅文化共存的美丽乡镇。雪霸"国家公园"管理处就在这里，错落有致的山景、辽阔的视野，让人体验不同于想象的泰安之美。

Day1

14:00

雪霸"国家公园"管理处
物种丰富 四季胜景

　　雪霸"国家公园"的游憩区就在泰安乡，园区内有丰富的生态资源，并规划出林荫大道、生态景观湖、野溪环境复育区等景点，让游客在一年中不同的时节都可以来此地，享受一次赏云雾、观星空、玩雪人的丰富旅程。

Data
🏠 苗栗县大湖乡复兴村水尾坪 100 号
📞 (037)996-100
📌 雪霸咖啡厅提供餐点，但需事先预约，周二公休

16:00 🎠

温泉源头
原始自然的野溪温泉

野溪上游的温泉源头温度高达90℃，游客到此泡温泉切记要在温泉洞上铺帆布袋，以免烫伤，初次前来者更要先询问当地的熟人。靠近温泉源头的石子路不好走，游客可下车沿溪畔顺流而下，顺便欣赏山谷美景。

Data
🚗 沿着苗62线往泰安温泉路标前行，抵汶水溪旁的泰安温泉停车场；再沿溪旁小径沿溪上行，步行约10分钟即可抵达

水云吊桥

沿着温泉源头旁一条小岔路前行，会到达水云吊桥。可从桥上远眺虎山，桥下是巨石溪谷。

Data
🚗 沿苗62乡道往泰安温泉区走，过了虎山桥，沿汶水溪畔的小路前行即可抵达

如何抵达

泰安嬉游地图

驾车
1. 中山高北上：下三义交流道，走13号省道往北，从三义右转130县道至八份，再接3号省道往北、在汶水桥前右转苗62乡道，可前往泰安
2. 中山高南下：下苗栗交流道，走6号省道经公馆到汶水，左转苗62乡道，可前往泰安

公共交通
搭乘火车至苗栗火车站后转乘新竹客运

加油站
汶水加油站：苗栗县大湖乡富兴村水尾41号
电话：(037)990-511

18:00

锦水温泉饭店
温泉相伴美食好味

　　锦水温泉饭店坐落于山谷间。半露天的汤屋沿着山壁缓坡而建，视野绝佳，宛如徜徉在山谷间。饭店的菜肴是由主厨精心烹调的客家怀石料理，可以说是这里的招牌菜。还有朴实的陶瓷器皿搭配美食与美景，营造出充满禅味的温泉美食。

客房以木、藤质家具搭配一袭素白的床铺，朴实无华的布置与山中小镇质朴的风格一致。另外，从这里能尽览户外山光水色，与自然融为一体，也是山城客房的独有特色！

Data
🏠 苗栗县泰安乡锦水村 72 号
📞 (037)941-333
🕐 入住 15:00，退房 11:00
　　早餐 7:00~9:30，晚餐 17:30~20:30
💰 双人房 4500 新台币，四人房 5400 新台币，
　　六人房 6600 新台币，蜜月套房 4500 新台币
🌐 www.kingspa.com.tw

Day2

9:00

龙山部落·横龙古道
健身赏景安全步道

　　龙山部落位于横龙山上，部落里有迷你可爱的小学和警察局。部落前的横龙古道是通往鹿场的旧道，沿途为赏枫的绝佳景点。从部落到达山顶大约需要 2 个半小时，登顶之后便可享受难得一见的辽阔视野。

Data
🏠 在锦水温泉饭店后方，饭店路旁有明显指示标记

20:00

锦水温泉
温泉极乐胜地

　　锦水的户外温泉区丰富多样，第一层是露天游泳池，第二层有冷泉、芳香泉，第三层是巴厘岛风情温泉屋。另外，位于饭店九楼的家庭温泉屋，让温泉屋与篱笆外的山光水色合而为一，居高临下，从这里向外眺望，一切美景尽收眼底。

11:00

老顽童工食坊
乡野空间

　　工食坊的主人是人称"泰安四怪"之一的老顽童，多年前来到这里，实现他回归自然的梦想。这里提供山野时蔬，搭配数种豆类做成的糙米饭、自制的少数民族腌酿果实拼盘，还有加入少数民族特有香料的擂茶，美味又健康。

Data
🏠 苗栗县泰安乡清安村洗水山棱线下
📞 0917-980-418(高山地区信号不良，预约请多打几次)
🕐 8:00~19:00，最好事先电话预约，周二、周四公休

Data
🕐 平日 8:00~22:00，假日 8:00~23:00
💰 户外温泉区、家庭温泉屋；非房客 300 新台币／人
⚠️ 户外温泉区需着泳衣、泳帽进场，家庭温泉屋每间限 2~4 人
💧 弱碱性碳酸氢钠泉，泉温 40℃~41℃，可改善肌肤、治疗神经痛、肌肉痛、关节痛、虚冷症、骨质疏松症及缓解压力

13:00

清安豆腐街
游豆腐老街吃豆腐

　　清安豆腐街旧名"洗水坑老街"。老街上有许多经营超过50年的老字号店家，是条具有少数民族色彩的豆腐街。除了出售豆腐，店家也供应豆腐制成的美食。有些老板还会穿着泰雅人服饰或高唱客家歌谣吸引顾客上门。

Data

文 沿苗62乡道，从泰安转进苗62-1乡道，可抵清安豆腐街
地 位于苗栗县泰安乡清安村（汶水溪和洗水溪汇流地）

15:00

汶水小镇
往日客家情怀

　　汶水老街早期是此地的交通要道，现在则转型为人文、观光、艺术保存区。古朴的屋舍和地道的客家美食是这里的一大特色，街上还出售名为"茶寿"的茶壶保温竹笼，整条街弥漫着浓浓的往日客家风情。

Data

文 沿苗62乡道往汶水方向走，右转接3号省道，即可抵达

汶水茶寿

　　客家独有工艺品"茶寿"只有在汶水小镇才看得到。这种手工编织的茶壶保温笼可以说是正在消失中的传统产业，非常值得游客买回去收藏。

Data

地 苗栗县狮潭乡汶水溪旁
票 茶寿1500~2000新台币/个，视大小而定

16:00

山中传奇咖啡屋
山坡上的新据点

　　坐在静谧山坡上的山中传奇的大桂树下，来杯招牌蓝山咖啡或玫瑰花茶，耳闻虫鸟相鸣，目视满山雪白的桐花，仿佛身处人间仙境。咖啡屋里的简餐也是客家美食，其美味也达到专业级水平！

Data

地 苗栗县泰安乡清安村1邻16号（老街附近汶水溪旁）
电 (037)941-380
时 周一公休

公馆

建议行程

Day1
台湾油矿陈列馆→瓮之乡陶艺馆→油桐花坊桐庄

Day2
桐庄→欢乐田原香草农场→田园小吃→杨家室草莓园→车枕竹堂

台湾的油气之乡与陶艺重镇

公馆乡台六线路段旁有一条景观美丽的田园道路，每当花季来临，道路两旁的阿伯勒就开满了鲜黄的花朵，让公馆摇身一变成为一座"黄金小镇"。此外，公馆乡矿产资源丰富，曾有台湾的"油气之乡"及"陶艺重镇"美名。

14:00 台湾油矿陈列馆
石油最早开采产地

台湾第一口油井
据中油公司的文献记载，清咸丰年间有位叫邱苟的人，在后龙溪中游牛斗口南岸发现了石油，他挖掘了一口深约1米的油井，此井成为台湾的第一口油井。

出磺坑早在清咸丰年间就发现了石油，是台湾石油的发祥地。日本侵占时期，这里开凿了上百座油井，夜晚工人群聚，这场景让此地被称为"夜香港"。虽然之后这里不再生产石油，却仍是天然气的产地。陈列馆内展示着百年来的勘油历史文献，值得一看。

Data
🏠 苗栗县公馆乡开矿村36号
📞 (037)228-350~3，请先咨询
🕐 8:00~12:00、13:00~16:30（法定假日公休）

16:00 瓮之乡陶艺馆
玩陶 DIY 浪漫赏陶之旅

公馆乡的陶瓷厂有80多家，而瓮之乡是推动休闲陶艺的代表。陈列于馆内二楼的作品是馆主陈俊光的呕心沥血之作，其高难度的上釉技巧，在陶艺界相当罕见。陶艺馆一楼为玩陶区，游客可以DIY自己的陶艺作品。

Data
🏠 苗栗县公馆乡福德村2邻15号
📞 (037)220-253
🕐 9:00~17:00（周一公休）
💰 手拉坯300新台币/人、擂茶300新台币/2人

17:00

油桐花坊

视觉与味觉的双重奏

油桐花坊位于森林里，每年的4~5月油桐花开花时，将这里点缀得片片雪白，美不胜收。花坊的招牌菜是深海鱼排，选用台东成功渔港空运而来的鬼头刀鱼，新鲜又美味，非常值得品尝。

Data

- 苗栗县公馆乡福德村福德35-3号
- (037)220-788
- 9:00~17:30（周一公休）
- 饮料160新台币起，套餐680新台币、860新台币

公馆嬉游地图

公馆乡农会　128
台湾蚕业文化馆　公馆
公馆乡
N
踏寮小栈
6
狮潭乡
车扰竹堂　杨家温室草莓园
119甲
田园小吃　油桐花坊　桐庄
72　釜之乡陶艺馆　3
欢乐田原香草农场
119　台湾油矿陈列馆

驾车

下中山高苗栗交流道后沿省道6号行驶，按指示标志向大湖方向直行，即可到达公馆乡

公共交通

1. 搭乘火车至苗栗火车站下车，转乘新竹客运至公馆乡
2. 公馆乡大部分主要景点公交车都可以到达

加油站

公馆站加油站：苗栗县公馆乡玉泉村玉泉24-4号
电话: (037)222-834
百成站加油站：苗栗县公馆乡五谷村二邻五谷76-1号
电话: (037)227-112
馆南站加油站：苗栗县公馆乡馆南村9邻馆南253-1号
电话: (037)237-433

如何抵达

20:00 🏠

桐庄

桐花树下恋桐花

桐庄的建材十分讲究，双人房用加拿大香杉建造而成，坐在屋内不但能饱览窗外起伏的山峦与盎然的绿意，还能嗅到香杉散发出来的原木香。沉浸在杉木香与花海中，一夜好梦到天明。

Data

🏠 苗栗县公馆乡福德村福德35-3号
📞 (037)220-788，
(02)2507-1399(台北联络处)
🕐 入住 15:00，退房 12:00
💰 双人套房 6200~6800 新台币，四人温馨套房 8200 新台币，合家欢套房 8800 新台币（加一人增加 880 新台币），周日至周四 8.5 折，住宿含早餐

打鹿坑——晚春落雪漫山林

花季期间游客可将车子停于山脚，再步行 2 公里上打鹿坑，一旦起风，可饱览"大雪纷飞"的胜景！走累了，步入山上景观咖啡品香、歇腿、坐拥满山雪景，还可就近于附近山涧、小路探险去，无数桐花小径隐身于这片山林中，就待你静静发掘。

Day 2

9:00 🐴

欢乐田原香草农场

留恋不散的香氛

草莓温室里的娇客由于备受保护，免受日晒雨淋，所以外观十分饱满而鲜红欲滴，更能现采现吃。园区一年四季都开放，主人还种植番茄、向日葵等蔬果花卉，让游客随时都能享受田园之乐。

Data

🏠 苗栗县公馆乡福星村 148 号
📞 (037)234-462
🕐 9:00~21:00（周四公休）
💰 香草工艺课程 200 新台币，基本消费 150 新台币
👍 迷迭香鸡腿餐、德国猪脚餐、薰衣草奶茶

11:00

田园小吃
最下饭的地道客家菜

田园小吃的客家菜可是酸味十足，不过却酸得恰到好处。绝对不可以错过的经典之作就是这道姜丝炒大肠。而来自台中港翻车鱼的龙肉炒蒜和颇具特色的芋头鸭汤，味道也都十分鲜美。

Data
- 址 苗栗县公馆乡福基村 40 号
- 电 (037)229-697
- 推荐 芋头鸭、姜丝炒大肠、客家小炒

13:00

杨家温室草莓园
尚水的草莓鲜艳欲滴

草莓温室里的娇客由于备受保护，不受风雨折磨，因而外形越发显得漂亮、娇艳且鲜红欲滴，现采现吃才是最过瘾的享受。这里是一年四季都开放，还能来采番茄、向日葵，随时享受田园之乐。

Data
- 址 苗栗县公馆乡福基村 4 邻 123-1 号
- 电 (037)222-425

16:00

车枕竹堂
车枕竹堂咖啡

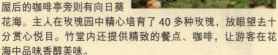

位于田野中的车枕竹堂，前院有一大片玫瑰园，屋后的咖啡亭旁则有向日葵花海。主人在玫瑰园中精心培育了 40 多种玫瑰，放眼望去十分赏心悦目。竹堂内还提供精致的餐点、咖啡，让游客在花海中品味香醇美味。

Data
- 址 苗栗县公馆乡福基村 3 邻 101-3 号
- 电 (037)231-658
- 推荐 自烘咖啡、简餐、合餐

台湾蚕业文化馆
早期蚕业完整收录

据史书记载，250 年前蚕种从大陆传到台湾，其后日本人在苗栗发展蚕业。至今，苗栗的蚕茧产量仍然是台湾第一。台湾蚕业文化馆典藏台湾蚕业文物，从蚕桑农具、技术到清朝珍贵丝制品等，让人大开眼界。

Data
- 址 苗栗县公馆乡馆南村 261 号
- 电 (037)222-111 转 392
- 时 9:00~16:30(周六下午、周日及假日公休）
- 费 门票免费

客家礼品

公馆乡的芥菜产量占了全台大半，加工品包括福菜、酸菜、梅干菜等，堪称"福菜之乡"。

Data
建议购买地点

公馆乡农会
- 址 苗栗县公馆乡馆东村大同路 266 号
- 电 (037)225-211
  送货专线 (037)231-626

美山饭店
- 址 苗栗县大湖乡富兴村 7-2 号
- 电 (037)995-678

三义

木雕与铁路文化之旅

　　三义的木雕艺术远近驰名，看木雕街上的师傅鬼斧神工，赋予平凡的木头全新的面貌与生命，让这里成为别具创意及艺术气息的乡镇。而来到三义南方，则进入铁道的怀旧氛围中，早期的铁道文化在此延续。

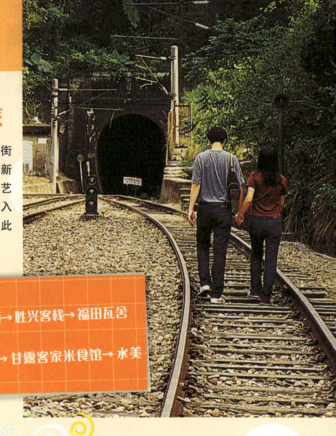

建议行程

Day1
鲤鱼潭水库→龙腾断桥→胜兴客栈→福田瓦舍
Day2
福田瓦舍→胜兴车站→甘露客家米食馆→水美街→神雕村

Day1

14:00
鲤鱼潭水库
群山层叠景色美

　　狭长的鲤鱼潭因为由高处看像一条鲤鱼而得名。从三义到卓兰的苗52乡道上的观景平台，就可以清楚看见水库的轮廓，也可由观景平台沿着水库步行，此刻会发现四周的群山绿水一并映入眼帘，十分优美。

Data

🏠 苗栗县三义乡鲤鱼潭村

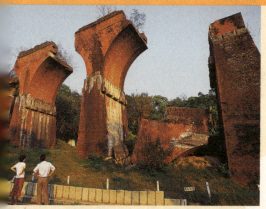

16:00

龙腾断桥
台湾铁路艺术之极品

　　著名的龙腾断桥建造至今已有近百年历史，还曾被誉为台湾铁路艺术之极品。桥梁的结构虽然坚固，但抗震力却很低，在经历 1935 年及 1999 年的"9·21"大地震之后，已被列为台湾震灾纪念物。

Data
📍 苗栗县三义乡，距离胜兴车站约 2 公里，只要沿胜兴车站前的苗 49 县道往南走即可到达

18:00

胜兴客栈
车站边的客家味

　　60 年历史的胜兴客栈前身是铁路货运行。主厨老妈妈黄菊枝是料理客家菜的名人，不但做过电视教学，还出过食谱。店内客家美食都是由黄妈妈自己创造的，其中一道古典草鸡汤口味独特，健康又滋补。

Data
📍 苗栗县三义乡胜兴村 14 邻 72 号
📞 (037)873-883
🕐 10:30~20:30
💰 甜的粄 20 新台币，咸的粄 25 新台币

胜兴客栈 独家好料

　　客栈最受欢迎的粄粽、抹茶粄、黑糖粄、咸粄等米食都是低糖且不加防腐剂的。客家甜点也很受欢迎。

如何抵达

三义嬉游地图

驾　车
1. 中山高北上：下三义交流道，走 13 号省道北上，可进入三义
2. 中山高南下：下苗栗交流道，走 6 号省道往公馆方向，转 128 县道可进入铜锣，再接 13 号省道可抵三义

公共交通
三义火车站到主要景点仍有距离，公交车班次少，建议于火车站周边租轿车、自行车或搭乘出租车，出租车以商量价格为主

加油站
来来加油站：苗栗县竹南镇公馆里六邻公馆仔 65 号
电话：(037)623-588
新华加油站：苗栗县头份镇中正一路 268 号
电话：(037)691-503
中苗站加油站：苗栗县苗栗市中正路 442 号
电话：(037)326-764

20:00

福田瓦舍
细细品味乡土人情

宛如乡下老家的福田瓦舍，主人迎面而来的微笑、四周盛开的油桐、山林美景，令人彻底放下压力，全心领略山城朴实之美。主人廖添进热爱大自然并热衷于生态解说服务，每年季节一到，他经常带着客人去找独角仙、看萤火虫，为客人打造美好的乡土回忆。

不同于一般民宿，主人希望让都市来的游客能住在如此宽敞明亮的空间中，放下都市的压迫感。假日时还会安排灯笼 DIY 教学，领着大家提灯笼到胜兴火车站，途经的一段漆黑隧道，让刚完成的灯笼立刻派上用场，别有一番浪漫趣味。

Data
- 苗栗县三义乡龙腾村 1 邻 26 号
- (037)876-156、0933-515-485
- 入住 15:00，退房 11:00
- 双人房 2000~2500 新台币，四人房 3000 新台币，四人木屋 3600 新台币，六人房 4800 新台币，十人房 7000 新台币（周一至周五 8 折住宿，含中式早餐）
- www.olife.com.tw/futen.htm
- 擂茶活动、夜晚古筝演奏、景点幻灯片解说

Day2

11:00

甘露客家米食馆
在候车室享用美食

回乡农场自然农作物全被搬上了甘露客家米食馆的餐桌，吃过这里的有机蔬食餐的人明显感受到米饭特别香，蔬菜新鲜爽口，味道特别浓郁，而一旁的甘露小铺还出卖有机自然果，以及农场自制的手工豆腐等。

Data
- 苗栗县三义乡广盛村广声新城 8 巷 1 号
- (037)875-388
- dish.lifelove.com.tw
- 周日 11:30~14:00，周六须预约，平日 20 人；甘露小铺 8:00~20:00，14:00~16:00 休

9:00

胜兴车站
穿梭绿色奇迹之惊喜

有将近百年历史的胜兴车站，屋顶尖陡、梁柱形似八卦，屋檐下为锯齿造型，设计风格与其他车站大相径庭。传说这是因为车站被九座像虎头的山包围住，便特别设计出这些尖矛、锯齿造型的装饰来破解风水。

Data
- 苗栗县三义乡胜兴村

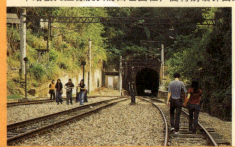

13:00 🎠

水美街
尽情赏玩木雕

　　水美街是三义主要的木雕大街，短短约 500 米的街上就有将近 200 家雕刻艺术品店。街道规划了行人专用步道，让游客可以更舒适惬意地欣赏木雕艺术品。顺着水美街的路标往前走，便可到达广声新城的神雕村。

Data
📍 苗栗县三义乡水美街

15:00 🎠

神雕村
新兴木雕创作集中区

　　神雕村是近年新兴的木雕创作区，其中高手如云，像是西湖村伯公坑 68 号的杨永在，其作品深受木雕界的肯定；广声新城 75 号的老师傅沈培泽，将修行的概念融入他的作品中。喜欢木雕艺术的朋友绝对不能错过这里！

Data
📍 苗栗县三义乡广声新城

三义木雕

　　三义海拔约 400 米，气候复杂多变，加上酸性土壤的土地，正好适合樟木生长，于是造就了三义木雕城的契机。早期大片的樟木原始林因为木材需求而砍伐殆尽，所以现在当地所产木材，可以说是非常珍贵。

九鼎轩客家茶点 ☕
雕刻复合式商店

　　九鼎轩经营者吴裕民的曾祖父吴进宝是成立三义第一间木雕店的第一人，而九鼎轩则同时为三义第一家结合木雕艺术与休闲餐饮的复合式店家。这里的客家美食都不加防腐剂，大受游客欢迎。

Data
📍 苗栗县三义乡水美路 118 号
📞 (037)875-366
🕐 8:00~20:00
🍵 各式茶＋客家米食 150 新台币

赖新魁面店 🍜

　　这里的招牌大骨头面是用员林产的鲜嫩韭菜和慢慢熬制的汤头做成的，在此地风靡多年，历久不衰。

Data
📍 苗栗县三义乡中正路 170 之 1 号
📞 (037)872-600
🕐 5:00~17:00
👍 大骨头面、烫韭菜豆芽

铜锣·三义·大湖

建议行程

Day1
铜锣九湖村→山板樵脸谱文化生活馆→罗庄米食坊→向阳田园
Day2
向阳田园→隔壁邻舍→天空之城→西湖度假村→慈济山茶园

乡村与宫廷的花花世界

铜锣是一个典型农乡，也是台湾最大的杭菊产地，每至秋季，花海景色美丽无比。三义交流道旁的西湖度假村则是宛如欧洲宫廷花园的大型游乐园，到铜锣优雅赏花之际，可顺道体验一下刺激有趣的游乐设施。

Day1

14:00
铜锣九湖村
秋访杭菊雪白如诗的花景

每逢入秋之际，铜锣乡便覆盖在一片白茫茫的花海下。九湖村有着全台最大的杭菊栽植区，雪白如诗的花景，吸引了络绎不绝的游客。每年的10~11月是最佳赏花期，游客可得把握时机。

Data
下苗栗交流道，沿台6线往公馆方向，右接128县道至铜锣，再左转台13线南行，右转樟九大桥，沿路标上行即为九湖村

菊花食疗

菊花有养肝、明目、散风及清热等功效。而以菊花泡龙井的"菊井"和菊花加普洱的"菊普"，都是广受欢迎的养生茶饮。

Data
铜锣农会的农产品贩售中心
菊花茶价格约500新台币/斤

16:00
山板樵脸谱文化生活馆
勾勒脸谱 发现中国

脸谱的起源可上溯至宋、元时期，至今勾脸艺术已成为京剧人物特别描绘性格的一项重要特征。原为木雕工作室的山板樵，通过脸谱彩绘木质面具，让孩子喜欢木雕，不仅让全家体会了休闲乐趣，更传承了京剧脸谱中所蕴含的书画笔法与中国精神。

Data
- 苗栗县三义乡双连潭 138 号　电 (037)875-766
- 10:00~20:00　www.olife.com.tw
- 园区每人最低消费为 100 新台币，脸谱画框 DIY100 新台币起

18:00
罗庄米食坊
坚持传统 口味独特

米食在客家人饮食文化中扮演十分重要的角色，不论在节庆还是莳田割禾，都能见到不同的米食，它们是喜气、祈神的代表。在迈入 21 世纪之时，罗庄米食坊依循祖先传承下来的制作手法，做出一道道味美的米食。

Data
- 苗栗县三义乡双潭村 13 邻石崀 1-1 号
- 电 (037)873-265
- 附 电话预约

九华山大兴善寺
传奇开庙女尼 典型传四方

"九华山大兴善寺"虽然没有宏伟的寺庙建筑，但前来朝拜的信徒却为数众多。充满传奇的开庙女尼一生布施信众、普度众生，并常以她加持过的"大悲水"与十方信善结缘，常见此地的信徒及游客提着一桶大悲水回家。此外，大兴善寺并不接受金钱供养，而将信徒还愿的面条、米粉、香菇等煮成一锅锅的平安面，与大众结缘。

Data
- 址 苗栗县三义乡西湖村七邻上湖 25-8 号
- 电 (037)983-637

地方特产

九华山沿途摊贩很多，成为此地朝山的特色。地方特产以红土花生、发粿、福菜最有名。

如何抵达

驾　车
1. 中山高北上：下三义交流道，走 13 号省道北上，可依序进入三义、铜锣
2. 中山高南下：下苗栗交流道，走 6 号省道往公馆方向，转 128 县道可进入铜锣，再接 13 号省道可抵三义

公共交通
搭火车至三义火车站、铜锣火车站下车；三义火车站到主要景点仍有距离，公交车班次少，建议于火车站周边租轿车、自行车或搭乘出租车

加油站
三义加油站：苗栗县三义乡广义村中正路 146 号　电话: (037)872-204
铜锣加油站：苗栗县铜锣乡铜锣村中正路 151 号　电话: (037)981-124
松丰加油站：苗栗县铜锣乡铜锣村中正路 17-8 号　电话: (037)986-721

苗栗 铜锣·三义·大湖

20:00 🏪

向阳田园
人情暖味打造温馨民宿

　　向阳田园的外观造型就像一朵开在山坡上的花，独处山中。园里种植种类繁多的植物，主人会现摘做成饮料。晚餐后可以到泡茶区品茗谈天，或是提着手电筒，沿旧铁轨方向来趟乡间的夜游。

Data
🏠 苗栗县三义乡龙腾村 9-5 号
📞 (037)874-028，0937-220-279
🕐 入住 15:00，退房 11:00
💰 双人套房 2000 新台币，四人套房 2800 新台币，每加一人多 400 新台币，住宿含早餐
🌐 www.olife.com.tw/shinny.htm
🍴 客家菜，红糟肉，客家小炒

Day2

10:00 🎠

隔壁邻舍
依山傍水的怀旧古朴风

　　位于山坡上的隔壁邻舍下有一条溪水，依山傍水，景色优美。老板以变形的砖块、枕木、铁轨建造房子，营造早期台湾房屋的风格。此外，有超高手艺的老板娘做的菜肴，更是吸引游客。

Data
🏠 苗栗县三义乡胜兴村 12 邻 41 号
📞 (037)875-848
🕐 平日 10:00~20:00，假日 9:00~21:00
💰 合菜 900 新台币 /4~5 人，紫苏梅茶 120 新台币 / 壶

11:00

天空之城
坐拥美景的景观餐厅

  矗立小山头的天空之城居高临下，坐拥鲤鱼潭美景，山岚缥缈之际，仿若飘浮空中；雕琢细腻的古堡内外融入大量铁锻、铜铸栏杆和艺术饰品。园区内设计有两家餐厅，悠闲风的鸟 vs 人供应美味西式餐饮；奢华浪漫的天堂古堡提供精致的各地美食。

Data
- 苗栗县大湖乡新开村十份 33 号
- (037)951-815-16　www.chateau-in-the-air.com.tw
- 鸟 vs 人 ／ 天空小铺：平日 10:00~19:00，假日 8:00~19:00；天堂古堡：11:30~20:30
- 门票 100 新台币，可抵消费
- 由隔壁舍出发，朝苗 49 乡道往南，接着走苗 56 乡道，至新鲤农路右转，沿新鲤农路往前行，目的地在右边

Data
- 苗栗县三义乡西湖村西湖 11 号
- (037)874-656
- 8:30~17:00
- 全票 399 新台币，优惠票 350 新台币，老幼特惠票 300 新台币，苗栗县民票 250 新台币

14:00

西湖度假村
有如置身海外度假村

  结合欧洲景观花园与游乐设施的西湖度假村是台湾省内最为知名的大型游乐园。乘坐红色的欧式马车在凡尔赛花园里穿梭可欣赏到整片美丽的花园及文艺复兴时期浪漫的雕像，而步入花园东侧的爱丽丝乐园则可体验热闹又刺激的海盗船、太空战舰及星际穿梭等游乐设施，园区里的休闲活动可谓动静皆宜，能满足各年龄层的游客。

16:00

慈济山茶园
赏茶看山海

Data
- 苗栗县三义乡广盛村北坪台地

  慈济山茶园原为农林公司的土地，后卖给慈济作为医疗文教预定地，目前仍是一片广达 200 多公顷的茶园。除了一眼望不尽的茶园外，还有一片相思树林为游客遮阴。游客在茶园区可东望大雪山、西眺通霄苑里的海水，秋天还可赏芒花，黄昏时的落日美景更叫人流连忘返。

秘密桐花步道
  清幽隐秘的赏花步道满布洁白美丽的落花，宛如仙境，漫步其上让人身心都得到最大的满足，但愿此刻能永远停留。

荷兰小木屋
  荷兰小木屋正对着一大片桐花森林，屋前落花满地，花季期间此处禁止车辆通行，闲居林间与春光为舞，这浪漫的场景让小木屋花季时总是一房难求。

通霄·苑里

建议行程

Day1
通霄精盐场→西滨海洋生态教育园区→
圆山休闲农场

Day2
圆山休闲农场→金良兴观光砖厂→闻香下马→蔺
草文物馆→苑里老街→金光肉圆

滨海游憩 乡镇文化逍遥游

通霄是个靠海的城乡，沿西滨公路到这个充满生命力的小镇，玩盐山、吃冰棒，再往内陆到苑里捏陶、雕砖、赏蔺草，漫步老街发现草帽的美丽秘密，还有肉圆的好滋味。

Day1

14:00

通霄精盐场
玩盐山吃咸冰棒

知道台湾人每天所用的精盐都是由通霄精盐场制造出来的吗？成堆白皙的盐山总会让游客迫不及待地想体验一下堆盐山、搓盐球、滑盐山的乐趣。来到这里尤其不能错过口味独特的咸冰棒，还有台盐自制的美容产品哦！

Data

🏠 苗栗县通霄镇内岛里 122 号
📞 (037)792-121(参观工厂仅对团体开放预约）
🕐 8:00~17:00
💰 蛋黄核仁、杏仁核仁咸冰棒每支 20 新台币，
　 健康沐浴盐 150 新台币，健康系列礼盒 160 新
　 台币起

16:00

西滨海洋生态教育园区
全台最大海洋科学园区

　　西滨海洋生态教育园区广达 32 公顷，园区内分为潮间带生态区、内海游憩区等生态馆，同时还有真人 CS 区、山训场和水上活动区。近年新增一座 84 米长、六层楼高的树顶吊桥，是对你的胆量的极大挑战！

Data

- 苗栗县通霄镇海滨路 41-1 号
- (037)761-777
- 夏天 7:00~18:00，冬天 8:00~17:00；海水浴场 11 月至次年 4 月
- 全票 350 新台币，半票 320 新台币、幼儿园票 180 新台币（票价包含海水浴场及西滨海洋生态教育园区）

如何抵达

驾　车

1. 中二高北上：下通霄交流道，接 128 县道，转 1 号省道，可前往通霄
2. 中二高南下：下后龙交流道，走 6 号省道，左转 1 号省道，可进入通霄

公共交通

南下游客请在竹南站、北上请在彰化站转区间车前往

加油站

苑里加油站：苗栗县苑里镇中山路 19 号
电话：(037)866-747
山脚加油站：苗栗县苑里镇旧社里 158 号
电话：(037)745-074
名成加油站：苗栗县苑里镇世界路一段 25 号
电话：(037)868-008
通霄加油站：苗栗县通霄镇中山路 297 号
电话：(037)752-075
新埔加油站：苗栗县通霄镇新埔里中山路 399 号
电话：(037)793-866

18:00

圆山休闲农场
带着好奇心到农场寻宝

　　农场主人将农场经营得仿佛是大自然的户外教室，有牧羊区、台湾凤蝶区、绿竹桂竹区以及一片广阔的草原区。农场主人运用从农场内现采的新鲜材料，制作出各种风味独具的面包、饼干、点心及菜肴，让人回味无穷。

Data
- 苗栗县通霄镇城南里 160-1 号
- (037)783-618
- 入住 15:00，退房 11:00
- 2~4 人套房 2500 新台币，6 人和式套房 3500 新台币；周一至周四 8 折，周五 9 折，加床每人 250 新台币
- 早餐自助式，午餐、晚餐简餐或合菜
- www.yuan-farm.com.tw

Day2

9:00

金良兴观光砖厂
红砖故乡挖掘探索

　　金良兴砖厂建于 1973 年，拥有苗栗最早的隧道窑，窑体长 162 米。苗栗的土质好、砖质佳，出产的红砖广受好评。金良兴观光砖厂也可为游客规划砖瓦深度之旅，或是带领游客体验砖雕创作，留作纪念。

Data
- 苗栗县苑里镇山脚里锦山路 71-17 号
- (037)741/507/745/507(接受团体预约)
- 9:00~12:00，13:00~16:00
- www.htkiln.com.tw

11:00

闻香下马
温馨小店的老滋味

　　络绎不绝的人潮常常挤爆闻香下马的店面。新鲜的鲨鱼多吃，让人唇齿留香，而店家三天三夜卤制的卤土黄鱼肉质鲜嫩香甜。另一道需炖上 6 小时的焖鸭，汤头充满姜丝香味，一样是甘甜好味。

Data
- 苗栗县苑里镇天下路 98 号
- (037)864-662，0932-665-574
- 11:00~20:00

13:00 🐎
蔺草文物馆
苑里特产收藏展示

Data
🏠 苗栗县苑里镇山脚里 7 邻弯丽路 99 号
📞 (037)862-141
🕐 8:00~16:00
🎫 门票免费

　　苑里素有蔺草之乡的美誉，闻名的大甲草帽真正的产地其实就在苑里。在蔺草文物馆内，游客可观赏到龙凤席、草帽、提袋等珍贵收藏，并有导游介绍植草到编织成品的生产制造过程，游客可了解地道的蔺草风情。

15:00 🐎
苑里老街
散步怀旧

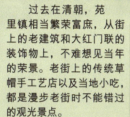

　　过去在清朝，苑里镇相当繁荣富庶，从街上的老建筑和大红门联的装饰物上，不难想见当年的荣景。老街上的传统草帽手工艺店以及当地小吃，都是漫步老街时不能错过的观光景点。

Data
🏠 苗栗县苑里镇天下路

16:00 🍽
金光肉圆
口感筋道香软滑嫩

　　这里的肉圆用米须先浸泡 4 小时，再加入地瓜粉，让皮更弹更滑嫩。馅料则是选用上等猪肉和竹笋制成，吃完后齿颊留香，让人想一颗接着一颗吞下肚。

Data
🏠 苗栗县苑里镇天下路 80 号 (苑里市场)
📞 (037)851-461
🕐 8:00~23:00
🍽 肉圆、小碗鱼羹 皆为 25 新台币

垂坤肉松

　　肉松店位于苑里市场后方，是当地人特别推荐的好口味。除了肉松，店内还有自制的香肠、肉干等肉类产品。

Data
🏠 苗栗县苑里镇大同路 88 号
📞 (037)867-840
🕐 7:00~21:30
🍽 特制肉脯松 150 新台币、沙茶豆干 100 新台币、黑胡椒薄肉干 250 新台币

振发草帽、谦昌草帽

　　苑里老街如今只剩下"振发"和"谦昌"两间草帽店，他们仍坚守着昔日的编织手艺，出售纯手工的蔺草制品。

Data
振发草帽
🏠 苗栗县苑里镇天下路 159 号
📞 (037)861-026

谦昌草帽
🏠 苗栗县苑里镇天下路 116 号
📞 (037)861-056
🍽 各式草帽 100 新台币起，蔺草帽 700 新台币起

竹南

Day1
崎顶车站→崎顶海水浴场→龙凤渔港海鲜→崎顶海水浴场度假村

Day2
崎顶海水浴场度假村→林奇珍饼店→竹南河滨自然公园→中港炸粿·慈裕宫庙口小吃→中港慈裕宫→紫斑蝶生态馆→竹南啤酒厂

建议疗程

庙宇圣殿 海港风情

　　竹南镇是苗栗最北的滨海乡镇，纵贯铁路山海线的分岔点，也是中港溪的出海口。从竹南驶进西滨道路，沿途迎着海风面向海洋，心旷神怡的感觉油然而生。镇内的红树林保护区、夏季避暑的海水浴场与古庙等人文荟萃与自然美景交织出古朴的怀旧之情。

Day1

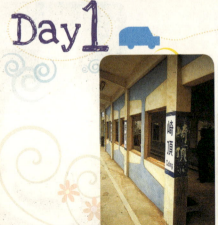

14:00
崎顶车站
怀旧情调的海边驿站

　　崎顶车站虽然靠近海边，不过实际的位置是位于山坡上，正好是眺望海边风光的绝佳地点。车站于1902年由日本人建造，现在虽然人烟稀少，却也散发宁静与思古幽情，是铁道迷们必访的小车站。

Data
苗栗县竹南镇崎顶里北户55号

16:00 🎠

崎顶海水浴场
亲子同游 海滩玩乐

崎顶海水浴场至今已有70多年的历史，沙滩上广植木麻黄，接连大片金黄色沙滩与湛蓝的海水，令人感到身心舒畅，是个享受沙滩日光浴的好地方。海滩还有水上摩托车、拖曳伞、香蕉船等水上活动项目，欢迎游客的到来。

Data
🚗 崎顶火车站后方约200米处
☎ (037)464-678
🕐 每年5月至次年9月底 8:00~18:00
💰 全票150新台币，半票120新台币

> **龙凤渔港捕鱼、赏夕阳**
> 龙凤渔港堤岸两旁的欧风灯柱为港湾增添情调，在长长的堤岸漫步，看着夕阳余晖十分浪漫。傍晚时分骑车至此，也可体验早期捕鱼的乐趣。

18:00 🍜

龙凤渔港海鲜
绿意环绕 景观绝美

紧邻西滨公路的龙凤渔港渔产丰富，由于附近是花枝产卵的海域，所以在产季皆可捕获大量的手钓花枝，还有乌鱼、白口、鲷类、鲥类等海鲜。这里有代客烹饪的服务，让游客选购的海鲜立即变成餐桌上的美味佳肴。

Data
☎ 顺吉小吃店 0932-527-674，钦发小吃店 0932-667-348，阿德小吃店 0911-689-014
💰 游客可自己买材料，请人代为烹煮，每道菜收费80新台币

如何抵达

竹南嬉游地图

崎顶海水浴场
崎顶海水浴场度假村 崎顶车站
61
西滨交流道
龙凤渔港海鲜
3 竹南啤酒厂
林奇珍饼店
中港慈裕宫、中港炸粿
中港溪 竹南交流道
紫斑蝶生态馆 竹南镇 竹南
竹南河滨自然公园
后龙镇 13
N 61 1
造桥乡 1

驾车
1. "国道"3号下西滨交流道往竹南市区方向即抵
2. "国道"1号下头份交流道往竹南方向即抵

公共交通
1. 搭乘火车至竹南火车站下车
2. 可搭乘国光号或火车到竹南站下车

加油站
竹南加油站：苗栗县竹南镇东平路101号
电话：(037) 624-865
百路达加油站：苗栗县竹南镇海口里21邻海口366号
电话：(037)550-890

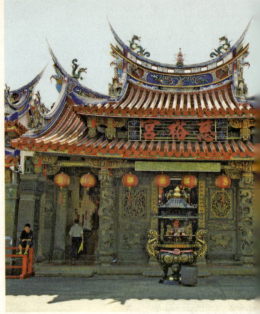

20:00

崎顶海水浴场度假村
与山水共度良宵

经过整建，崎顶海水浴场比以往更具规模，并发展成一个设施完善的度假村。除了新建的度假旅馆，还有露营烤肉区、儿童游乐区及水上娱乐设施，让游客的夜晚在海洋的包围下更加丰富有趣。

Data
- 苗栗县竹南镇崎顶里北户 7 邻 39 号
- (037)464-678
- 请电话咨询

Day2

8:00

林奇珍饼店
竹南老字号 龙凤麻糬饼

林奇珍饼店创立于 1956 年，是当地人最推荐的老字号饼店。本店从专做中式大饼到创新发展出龙凤麻糬饼，2002 年竹南镇公所将其麻糬饼列为当地的名产，游客到此一定要来品尝。

Data
- 苗栗县竹南镇照南里 15 邻 92 号
- (037)466-552
- 7:30~22:00
- 红豆麻糬饼 140 新台币 / 斤；绿蓉、龙凤麻糬饼 140 新台币 / 斤

9:00

竹南河滨自然公园
珍贵的自然生态资源

竹南河滨自然公园位于中港溪出海口，有相当完整的潮间带生态，除了红树林保护区，还有大片的水笔仔林、木麻黄林以及各种鱼蟹及候鸟在此栖息，是非常珍贵的自然生态景观区。

Data
- 苗栗县竹南镇五福大桥附近

龙凤麻糬饼

龙凤麻糬饼皮薄馅多、外酥内软、口味多样，是送礼自用两相宜的特色名产。

11:00

中港炸粿·慈裕宫庙口小吃
祖传手艺 必吃美味

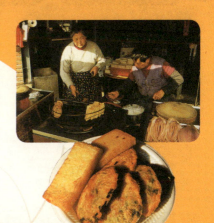

庙口的小吃摊永远是当地人最爱的家乡美味。慈裕宫前的中港炸粿已传承 300 年，绝对是游客必吃的美食，而这里的米粿用在来米及独门配料做成，火候的掌控了得，咬一口便香气四溢。另外炸蚵爹、炸肉爹同样相当受欢迎。

Data
📍 苗栗县竹南镇中美里民生路 7 号
📞 (037)462-353

13:00

中港慈裕宫
独特建筑香火鼎盛

Data
📍 苗栗县竹南镇中美里民生路 7 号
📞 (037)462-353

创建于 1658 年的中港慈裕宫有"小湄洲"之称，宫内主祀妈祖，台湾"内政部"于 1985 年将此宫列为三级古迹。慈裕宫香火鼎盛，是地方上的信仰中心。宫内收藏的古物如青斗石狮、古檀香炉等，非常值得一看。

15:00

紫斑蝶生态馆
紫斑蝶的迁徙住所

每年 4~5 月间，竹南滨海森林游憩区可见迁徙的紫斑蝶大量繁殖，当地政府于是在当地成立了紫斑蝶生态馆。馆内有动态解说及赏蝶活动，同时规划出赏蝶步道，让游客可以近距离欣赏紫斑蝶的翩翩舞姿。

Data
📍 竹南镇滨海森林游憩区亲子之森内
📞 (037)469-895 竹南镇塯内社区发展协会
🕐 8:00~11:30，13:30~16:30

16:00

竹南啤酒厂
畅饮现做新鲜啤酒

号称东南亚最大的竹南啤酒厂，对游客开放，可参观啤酒的制作过程。如果游客觉得光闻酒香不够满足，一旁的展售中心有出售刚出厂的生啤酒，鲜味十足。另外，酒厂还提供精美的烟酒礼盒，是当地特色产品。

Data
📍 苗栗县竹南镇竹南工业区和兴路 345 号
📞 (037)583-001 转 717
🕐 9:00~17:00

台 中

渔港风情
40 梧栖

庙宇文化浓厚的小镇
44 清水·大甲

充满历史记忆的悠闲小站
48 后里·丰原

生态之地山水扣人心弦
52 石冈·东丰

林业文化完整呈现
56 东势

蝶飞花舞的缤纷城镇
60 新社

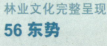

台中地图

台中市于2010年与台中县合并升级为地级市，大致可分为海、屯、山三区；海线从梧栖渔港、大甲、清水开始；屯区到雾峰为止，与南投县只有一线之隔；山线从东势、谷关开始，最远到梨山、武陵。由于台中地理环境得天独厚，因此也孕育出丰富多样的地区风情。

缤纷的现代桃花源
84 梨山

享受森林浴
与温泉乐趣
80 谷关

雪山支脉新兴旅游景点
76 太平

淳朴宁静的观光农村
**72 南屯·乌日·
雾峰·大里**

新温泉区好汤美景相伴
64 北屯·大坑

南北枢纽　时尚都会区
68 市中心

梧栖

渔港风情

梧栖有着台湾中部最大、最有名的梧栖渔港，渔港周边已发展为观光鱼市。来到梧栖，去鱼市采购、在餐饮区吃喝、乘船观赏海上落日、徜徉偌大的平波绿地观日览月，体验丰富多样的渔港城市风情。

Day1
台中酒厂→东海大学→天月人文休闲旅馆→逢甲夜市
Day2
天月人文休闲旅馆→梧栖渔港滨海公园→梧栖渔港→外来商品街→梧栖老街·朝元宫→宏兴观光娱乐船

Day 1

14:00

台中酒厂
斟一杯香醇入喉

台中酒厂创立于1916年，曾是台湾最大的酒厂。酒厂内至今还保留日本侵占时期的酒槽、制酒设备，并设立文物馆展示。酒厂腹地宽广，除了展示中心还有欧式花园，让游客能边欣赏风景边品酒，同时更提供制作自己专属肖像酒瓶的服务。这里出产的樽藏红鹤酒广受喜庆宴会场合的青睐。

喝酒不开车

Data
址 台中市西屯区工业二十八路2号
电 (04)2350-1318
时 9:00~17:00，周末 8:30~17:00
费 樽藏红鹤酒 450 新台币，玉鹤永康酒 500 新台币

16:00 🎠
东海大学
最美丽的校园

　　位于大肚山坡上的东海大学素有"最美丽的校园"之称。从文学院拾级而上，可见校园最美的一景，校园中央的路思义教堂是建筑大师贝聿铭的杰作，更是东海大学的地标，与校内的理工学院等唐式建筑相得益彰，同为新人拍摄婚纱照的取景热点。

Data
地 台中市西屯区台中港路三段 18 号
电 (04)2359-0121

东海大学乳品小栈

　　位于东海校园内的乳品小栈，主要出售东海牧场所生产的鲜乳、冰激凌等鲜乳制品，口感香醇、品质一流。

Data
电 (04)23500873
时 平日 10:00~13:00、
　 14:00~18:15，假日
　 9:00~18:15

18:00 🏪
天月人文休闲旅馆
新锐建筑师打造梦幻极品

　　建筑师郑唐皇将创新的盒子概念，贯穿整个天月的建筑设计。房间内部仿佛是一个个被切割开来的精美橱窗，线条简洁，但每处场景都在营造时尚浪漫的情调。房间均采用不同主题，每房基本配备大型按摩浴缸，还有浑然天成的自然造景。在天月沐浴更是一种随心所欲的享受，纯水散发出的蒸汽浴，让游客的身心都前所未有地放松。

Data
地 台中市西屯区朝马三街 18 号
电 (04)2258-2000
费 房价 4000~7500 新台币
网 moonlightmotel.com.tw

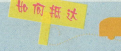
如何抵达

梧栖嬉游地图

驾　车

"国道" 1 号台中交流道，接省道 12 号台中港路往西屯方向，进入西屯区；再往"国道" 3 号中港系统交流道，接"国道" 4 号往清水镇方向下清水端，续行省道 17 号可抵梧栖

公共交通

台中搭乘巨业公车 555 路或联营公车 6855 路可抵

加油站

庆和加油站：台中市梧栖区港埠路一段 601 号
电话：(04) 2630-2300
台亚关连站加油站：台中市梧栖区临港路二段 70 号
电话：(04) 2639-9672
加丰加油站：台中市梧栖区中华路一段 679 号
电话：(04) 2630-0336

20:00

逢甲夜市
台中招牌夜市

逢甲夜市白天是商圈，晚上则是台中营业最晚的夜市。从逢甲大学侧门起，由文华路一直延伸到福星路、逢甲路，五花八门的小吃和服饰日用品等充斥在这一带，由于较靠近市区，即使不是逢甲的学生，也会到这一带逛逛，买点小东西，逢甲夜市俨然成为一座日夜繁华的大学城。

Data
地 台中市西屯区逢甲大学外文华路、逢甲路与福星路
时 17:00~次日 2:30

黑轮伯

黑轮伯卤味是逢甲人熟知的美味，不论消夜还是晚餐，都爱来这里坐一坐。可以点上整碗高丽菜卷、卤味、茼蒿、A菜、燕丸、油豆腐、猪血、香菇、玉米、甜不辣等，两人共食，满满一碗也才一百新台币上下。丸子与菜卷都很有嚼劲，汤头则是以大骨、香菇头、柴鱼等材料熬煮，独家的酱料以十多种材料调配，口味独特。

成龙鸡排

逢甲商圈卖鸡排的很多，这家成龙鸡排则因报道而闻名。特制的沙拉鸡排经过老板双手费力地拍打，拍松鸡排的筋肉，再放入生菜沙拉、海苔酱，然后裹上面包屑，放入锅中高温油炸，看起来像潜艇堡，吃起来肉质鲜嫩，外酥内软，再加上独特的酱料，十分香甜，一份只要35新台币，真是又便宜、量又足。

丰收薄盐烧鲜虾

丰收薄盐鲜虾卖有5种口味的烤鲜虾，喜欢海鲜原味的不妨试试椒盐柠檬或原味香酥，喜欢特殊口味的可以试试五香蒜味，喜欢刺激口感的则可以点用五香麻辣或是芥末。价格从小的30新台币到中60新台币、大100新台币不等。新鲜的现捞虾配上自己喜爱的口味，丰收的摊子前总是围着一群闻香下马的客人。

Day2

9:00

梧栖渔港滨海公园
海天一色的滨海风情

滨海公园位于梧栖渔港停车场旁。这里有辽阔的绿色草坪让人放松身心，充满活力的鸟鸣声从防风林处传来，悦耳动听。春夏秋三季气候十分宜人，凉风徐徐，草皮及防风林减去了风沙之扰，是一处怡人的休憩景点。

Data
地 台中市清水区北提路30号(梧栖渔港旁)

10:00

梧栖渔港
看大船入港大啖海鲜

渔港的渔民通常半夜出港捕鱼，近中午才回港。当渔船从外海驶进港口，身影愈来愈大，划破水面激起浪花，让岸边的游客看得兴奋极了。沿岸有20多艘渔船紧紧相靠，有些外籍渔民在船上晒衣服，有些人正在补渔网。据说每逢冬至前后是乌贼多产的季节，港内将涌进从台湾各地前来捕乌贼的渔船，可达300~400艘，蔚为大观。

Data
地 台中市清水区北提路30号
电 (04)2656-2650
时 9:00~20:00
费 港区免门票，停车费50新台币

13:00

外来商品街
物美价廉的进口百货

Data
址 台中市梧栖区临港路
至临海路上

台中港 12 至 15 号码头东侧为台中港外来商品街。许多商品都经过这些商店转售，普洱茶、人参、药材是此区进口最多的，全台各地的普洱茶大多从此地批发。外来商品街所出售的商品齐全、品质有保障、价格实惠，若想购买这些商品，到这里购买仍为不错的选择。

14:00

梧栖老街·朝元宫
怀旧散步

梧栖路上的这条梧栖老街，仍保存有几家巴洛克式建筑的老商家。而朝元宫则创建于清咸丰六年（1856年），奉祀的湄洲天上圣母，这是少数直接从湄洲屿妈祖升天洞恭请来台的神像，地位仅次于鹿港天后宫。庙前的石狮运自泉州，正殿前方龙柱环绕盘旋至寿梁，气势雄伟庄严。

其中最为人称道的是石壁雕刻，全采用名人书法作品，这些墨迹来自王羲之、曾国藩、沈葆桢、康有为、左宗棠、郑板桥等名人，突显庙宇的古色古香与艺术之美。

Data
朝元宫
址 台中市梧栖区梧栖路 140 号　电 (04)2656-2387

林异香斋饼铺

百年老店林异香斋的咸蛋糕是上海的一种茶点。创办人林粿年轻时在台中港向商旅出售咸光饼，有位上海商人见他忠厚老实，于是传授他咸蛋糕的烘制技术，再经过林粿自行研发，风味远近驰名，使咸蛋糕成为梧栖特产的代名词。

咸蛋糕的肉馅经过调理，配上上等香菇、红葱等，不加任何化学防腐剂，蛋糕亦不加发酵粉，直接以面粉、糖、蛋调制。松软的蛋糕配上咸淡适中的肉馅，吃起来有种咸甜的滋味在口中。

Data
址 台中市梧栖路
170 号
电 (04)2656-2339
时 8:00~22:00

15:00

宏兴观光娱乐船
乘风破浪看夕阳

搭乘宏兴游轮出海，欣赏梧栖渔港海岸风光，看海鸟迎风飞翔，运气好时还可以看见海豚出没。黄昏时分游港，当落日悬浮在海平面即将隐没的刹那，霞光万丈，令人大呼过瘾！宏兴游轮在港内游览线路附近放置许多鱼篓，只要游轮经过，如果篓内正好有鱼、虾、蟹等海鲜，就让船上的游客抽奖免费获得，好玩又有奖品可拿。

Data
址 台中市清水区海滨里北堤路 30-2 号
电 (04)2657-8282
时 10:00~18:00
费 全票 450 新台币；团体全票 400 新台币；经济票 300 新台币，团体经济全票 270 新台币
注 请备妥身份证明文件以供查验，幼童需健保卡

清水·大甲

庙宇文化浓厚的小镇

　　大甲、清水各有一座闻名全台的庙宇，一是每年妈祖都会出巡的大甲镇澜宫，一是供奉观音的清水紫云岩。两个小城镇也都有令人回味无穷的小吃特产，像大甲芋头、奶油酥饼等。漫步小镇街道，不管是到百年小学寻幽，还是到艺术味浓厚的咖啡厅小歇片刻，这些小镇总让人越逛越有趣味。

建议行程

Day1
清水小学→高美湿地→阿财米糕→月桂冠汽车旅馆→光复街夜市

Day2
月桂冠汽车旅馆→土官长擀面→港区艺术中心→葵海农场→铁砧山风景区→大甲镇澜宫

Day1

14:00
清水小学
百年校园古色古香

　　清水小学于1897年建校，1935年发生大地震，迁建校舍，所幸1999年的"9·21"大地震没有震毁这所古色古香的小学校。学校最明显的地标是开阔古朴的石墩大门，走到操场与古老的榕树相会，远远望去，绿树风姿绰约与红砖墙、蓝屋顶的老教室相映成趣，让许多游客情不自禁地走进校园遛一遛。

Data
地 台中市清水区光华路125号
电 (04)2622-2004

16:00
高美湿地
珍贵的多样生物保护区

　　高美湿地位于大甲溪出海口南方约1公里处，面积300多公顷，拥有全台面积最大的云林莞草，这里秋冬是水鸟最爱觅食的地方。濒临绝种的大安水蓑衣也正在此地恢复生长，胎生植物水笔仔特别能适应潮间带恶劣的环境，加上成千上万的招潮蟹在此出没，使这里成了最佳的生态教室。此处被发现的鸟类至少122种，以鹬科、雁鸭科最多，其他如鱼鹰、黑嘴鸥、黑面琵鹭等濒危鸟类也是这里的娇客。每年9月到次年4月是最佳赏鸟季节。

Data
地 大甲溪出海口南岸清水镇高美地区

18:00 🍴

阿财米糕
超乎对米糕的想象

　　阿财米糕自 1970 年开始营业，从一碗 2 新台币卖到现在一碗 30 新台币。米糕以三层瘦肉为主要配料，搭配油葱酥、香菜，挖一块糯米糕加上作料，一入口满满是香甜辣与香菜的味道。再加一碗肉羹、旗鱼丸，配上包着绞碎的肉酱、荸荠和胡萝卜的豆腐肉，大口吃起来特别过瘾。

Data
🏠 台中市清水区西宁路 105 号
📞 (04)2622-9853
🕘 9:00~20:00
💰 米糕 30 新台币，肉羹 30 新台币，四神汤 35 新台币

20:00 🏠

月桂冠汽车旅馆
佐和风禅意入梦乡

　　位于交通便利的外环道上，月桂冠以日式风格打造舒适的汽车商务旅馆，为往来的游客提供四通八达又舒适的休憩场所。旅馆园区内，打造出十分雅致的禅风景观鱼池及草木庭园，与和风房间相映成趣，让游客倍感清新幽静。

21:00 🍴

光复街夜市

　　光复街夜市虽然只有 100 米长，但却陪伴了清水人 70 个年头。夜市街道虽狭小，不过经当地政府规划为观光夜市后，变得井然有序。挂着整齐划一招牌的店家以饭店居多，有羊肉炉、筒仔米糕、臭豆腐、鸡排以及有口皆碑的肉圆仔汤。傍晚夜市开张时，就可看到许多当地人开始买晚餐消夜了。

Data
🏠 台中市清水区中山路与新兴路间

Data
🏠 台中市清水区中华路 471 号
📞 (04)2626-6356
💰 双人房平日 1380 新台币，假日 1730 新台币；四人房平日 1760 新台币，假日 2200 新台币
🌐 www.zyh-motel.com.tw/laurel/index.html

如何抵达

驾　车
"国道" 3 号大甲交流道，接县道 132 号往大甲方向即抵达

清水·大甲嬉游地图

公共交通
大甲
1. 台铁可抵达大甲火车站
2. 台北北站搭乘台汽客运往大甲方向至大甲站
3. 台中总站搭乘丰原客运大甲方向之班车至大甲总站
清水
1. 联营公车 6856 路可抵
2. 台铁丰原站转搭丰原客运 6534、6535 可抵
3. 台中搭乘市公车 6855、巨业公车 555 路可抵

加油站
大甲
幼狮加油站：台中市大甲区中山路二段 847 号
电话: (04) 2682-0701
大甲站加油站：台中市大甲区中山路一段 1120 号
电话: (04) 2687-2314
清水
清水服务区站加油站：台中市清水区东山路 141 号
电话: (04) 2620-3281
山隆梧栖港加油站：台中市清水区临海路 45-5 号
电话: (04) 2627-6328

Day2

9:00 🍴

士官长擀面
老功夫好口味

已有 40 多年历史的士官长擀面是第一代创始人谢妈妈在小市场卖的家常面，年纪大后便将生意交给刚退伍的邻居士官长王清连，同时改名为士官长擀面。此店制作纯手工的河南家乡味，深受饕客喜爱并打响名号。棍杆、卷面、醒面、刀切、拉面等道道工序都十分考究，这就是老顾客频频光顾的原因。手工面条形状粗细不一，特别容易吸附酱汁，加一点白醋及蒜汁更美味！

Data
🏠 台中市清水区中社路 5-37 号
☎ (04)2626-6618
🕐 6:00~13:00
💰 小碗 25 新台币，大碗 30 新台币

10:00 🎠

港区艺术中心
复合式艺术展演场所

坐落于清水的艺术中心是一处多功能复合式艺术展演场所。建筑古色古香，仿闽南风格设计的展览馆，与庭园广场上的人物雕塑相呼应，古朴典雅，融合了本土质朴和视野开阔两种独特的魅力。中心内部有演艺厅、展览厅、演讲会议厅、户外剧场休闲区、研习教室区，户外常举办如主题音乐季等活动，使清水"音乐小镇"的美称扬名国际。

Data
🏠 台中市清水区忠贞路 20 号
☎ (04)2627-4568
🕐 9:00~17:30，周一休馆

11:00 🎠🍴

葵海农场
匠师的故乡

葵海农场是大甲草席的发源地，当地人称为"匠师的故乡"。宽广的园区内设有旅游咨询处、葵花田、自行车步道、观景平台、荷花池、赏蟹亭、鹭鸶观察亭和农作体验区，园区有解说人员带领游客一起捡拾枯草枝叶，休验早期农村儿童的乐趣。园区的南方为匠师工坊，由当地熟悉蔺草编织及传统点心制作的当地居民负责，游客可以见到编织巧手柯庄尾子阿妈的蔺草编织作品。

Data
🏠 台中市大甲区西岐里如意路 33 巷 2-2 号
☎ (04)2681-5925
🕐 9:00~18:00（非假日请先电话咨询）

向日葵咖啡

由猪舍改建的咖啡屋向日葵咖啡，用木造屏风和原木桌椅，外墙涂上厚厚的向日葵色油漆，乡村气息十足。咖啡屋内的凉拌向日葵花苗、向日葵根鸡汤等，配上大甲芋头饭，喷香有料。还有芋头米粉、向日葵花草茶、黑糖芋头冰等，烹饪手法简单不花哨，相当有怀旧滋味。

Data
🏠 台中市大甲区西岐里如意路 27 巷 1-1 号（葵海农场游客中心入口旁说明牌，步行过通道可见）
☎ (04)2681-1196
🕐 周六、周日 9:00~19:00（平日需预约）

13:00 🐎
铁砧山风景区
缅怀古人贞烈精神

　　貌似铁砧的铁砧山，由于北为悬崖、三面倾斜度都超过45度，地势险要，自古即为军事要地。据传郑成功曾驻军于此，留下"剑井"的著名地标。风景区内设有郑成功石像、纪念馆，附近矗立着多座大型的立体景观雕塑。绿意盎然的园区早已成为居民登山健身及学生校外教学的最佳场所。

Data
地 台中市大甲区成功路 102 号
电 (04)2688-8040
时 8:00~12:00，13:00~17:00

15:00 🐎
大甲镇澜宫
闻名遐迩的信仰中心

　　镇澜宫是大甲地区五十三庄的信仰中心，建庙至今已两百余年。1730 年，来自福建的移民林永兴携带家眷来到大甲堡落户定居，并将自湄洲祖庙奉请的天上圣母神尊供奉在宅厅内祭拜。镇澜宫庙内奉祀妈祖，最著名的为"镇殿妈"（俗称"大甲妈"）以及位于镇殿妈前高约 70 厘米的"二妈"。而庙中最早的"开基妈"即林永兴迎自湄洲的妈祖。

Data
地 台中市大甲区顺天路 158 号
电 (04)2676-3522

大甲老街

　　顺天路曾为台中著名的历史景点，但至今许多有历史价值的老房子纷纷改建，仅剩为数不多的立面两层楼高的早期街屋。欣赏这些夹在新式建筑里的老式屋宇，仍能看到从前线条优美的建筑式样，和今日建筑式样相比，它们多了份优雅和怀旧气息。

Data
地 台中市大甲区顺天路

美味的礼物

　　来到大甲、清水如果空手而回，那真是太对不起自己和朋友了。大甲的奶油酥饼和芋头、清水的筒仔米糕，都是当地最具代表性的美食，各家风味虽有不同，但都有令人吮指再三的好味道。

裕珍馨

　　大甲有三宝：镇澜宫、帽席、奶油酥饼，为大甲打开奶油酥饼名号的即是"裕珍馨"。本店的酥饼皮香馅软，浓浓的饼香奶味融在嘴里，回味无穷。店内还有颇受欢迎的三星饼，酥脆的外皮裹上红豆等内馅，再包上一层麻糬，吃来既软又酥，很受年轻人喜爱。

Data
地 台中市大甲区光明路 67 号
电 (04)2687-2559
时 8:30~22:00

先麦芋头酥

　　先麦芋头酥创始人阿聪师为地方缔造了"紫玫瑰传奇"。1998 年，因大甲芋头价格走低，农民生活艰苦，做了四十几年糕饼的吴朝聪收购当地芋头，作为芋头酥的馅，没想到宛若一朵朵紫玫瑰的芋头酥外脆内绵、馅料入口即化、甜而不腻，马上为先麦缔造持续的销售热潮，也为大甲芋头打开销路。除了芋头酥，阿聪师也挑选大肚山上的红番薯制作地珍酥、地珍芋。金黄色配上紫色，宛若一朵朵美丽可爱的花，十分吸引人。

Data
地 台中市大甲区文武路 38 号
电 (04)2688-3677
时 8:30~10:00

后里·丰原

充满历史记忆的悠闲小站

位于台中市的小山城——后里、丰原，是通往大都市和中横山区的中转站，它们是人们常会忽略的小地方，却拥有特殊的风情。旧称"葫芦墩"的丰原是百年糕饼业的发源地，是早期发展的聚落之一；而后里除了过去闻名的马场，富含历史文化记忆的糖厂及新兴的自行车道更是吸引了众多游客。

建议行程

Day1
后丰铁马道→铁道之乡酒庄→情人谷休憩园区→皮克蓝门餐厅民宿→庙东小吃

Day2
皮克蓝门餐厅民宿→中社观光花市→新干线列车站→张连昌萨克斯纪念馆→台糖月眉厂

Day1

14:00

后丰铁马道
骑车游山城

后丰铁马道以后里马场为起点，终点与东丰自行车绿廊衔接，总长18公里，沿途尽是田园风光。春夏之际，路旁缤纷野花盛开，过隧道后骑经花梁钢桥，钢桥高踞大甲溪上方，视野开阔。每年7月21日至29日还会举办两马观光季。这是条极具乡村怀旧魅力的自行车道。

Data
地 台中市后里区后里马场或丰原"国道"4号线高架桥下

16:00

铁道之乡酒庄
沉浸在美景与醇酒世界

酒庄位于后丰铁马道花梁钢桥边，建造酒庄的梦想源于大家长陈阿公对葡萄园的热爱与分享休闲生活环境的意愿。酒庄主要出售自家酿造的葡萄酒，别具特色的欧式庄园内设有品酒室、红土酒窖、美食观景餐厅及户外野餐区，导游解说让人增加品酒知识，感觉不虚此行。

Data
地 台中市丰原区朴子街 260 巷 2 弄 32 号
电 (04) 2512-3393
时 9:00~18:30

喝酒不开车

18:00 🎠 🍴

情人谷休憩园区
生态丰富 采摘乐园

　　园区占地面积约 19000 平方米，现场有解说员介绍柑橘常识。近年来当地进行原生动植物复育工作，还规划了一条枕木步道，沿途可见五色鸟、白头翁及莫式树蛙等生物，还有一株 300 岁的台湾榉，枝干分权如夫妻相依，因此步道以"夫妻步道"为名。柑橘蜜饯加上蛋、米酒的月内蛋酒是产后调理的补品，堪称当地特产。

Data
- 址 台中市丰原区东阳路清谷巷 2 号
- 电 (04)2526-0650，解说预约请咨询 0910494906
- 时 9:00~21:00（周一公休）
- 费 现采柑橘 50 新台币，简餐 180 新台币起
- 网 www.myhome.url.tw chiweb/lovervale

20:00 🍴 🏠

皮克蓝门餐厅民宿

　　"皮克"代表猪（pig）的慵懒，"蓝门"是这里的白墙与蓝漆门窗相衬的地中海风情。一对年轻有创意的室内设计师夫妇在丰原狮头山上创建了这间餐厅民宿，其中提供地中海美食，由曾在五星级饭店服务的师傅掌厨。依山建立的民宿后面延伸一处有 328 级阶梯的步道，两旁树林茂密，别致而清幽。

Data
- 址 台中市丰原区东阳路狮座巷 7 号
- 电 (04)2515-9969
- 时 平日 10:30~21:30，假日 10:00~22:00
- 费 四人房以及四人通铺 2500 新台币起，含西式早餐；加床每人加 500 新台币
- 网 www.pigblue.com.tw

21:00 🍴

庙东小吃
传统商圈体验古早滋味

Data
- 址 台中市丰原区中正路 167 巷
- 时 11:00~24:00

　　丰原慈济宫妈祖庙是当地的宗教中心，周围形成一个商圈，是全丰原最热闹的地方。有着百年历史的雪花斋和在妈祖庙东边的庙东小吃里头有不少代代相传的当地传统小吃，它们的历史长达几十年。

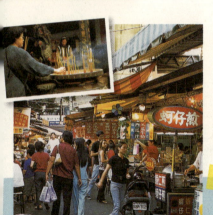

如何抵达

驾车
"国道" 1 号后里交流道下，走县道 132 到后里站，再转中 40 线、中 41 线，直行后可抵

公共交通
1. 台铁可抵丰原站
2. 丰原客运、统联客运可抵后里

加油站
顺里发加油站：台中市后里区甲后路 715 号
电话：(04) 2557-9918
后里站加油站：台中市后里区三丰路 427 号
电话：(04) 2556-2174
台大丰原加油站：台中市丰原区三丰路 925 号
电话：(04) 2512-1770
丰南加油站：台中市丰原区圆环东路 152 号
电话：(04) 2529-2129

后里・丰原嬉游地图

庙东人气传统小吃

正兆蚵仔链

在庙东已有30年历史的海鲜小吃——蚵仔链，是精选大粒蚵仔裹上地瓜粉后下水煮，形成一颗颗晶莹剔透的蚵仔链，舀上一勺用蛤仔熬煮的汤，最后撒上炸油葱酥和新鲜九层塔，一碗热乎乎的美味就上桌啰！

清水排骨面

"元老级"的清水排骨面已有30年历史，是到丰原不可不尝的传统小吃，不论假日还是平时，这里都是大排长龙。店内主要食材都是当天手工现做，汤头香浓爽口，排骨肉选用软骨部位，嚼起来软韧滑嫩又多汁！

金树凤梨冰

金树凤梨冰从1935年营业到现在已有70年之久，是许多丰原人心目中最爱的甜品。一桶桶货真价实的土凤梨干搅拌出来的新鲜冰品，熬煮8小时，特别有种酸甜回甘的经典味道。

Day2

四季花语

中社观光花园花海区及玫瑰花园中种满了四季花草。春天的鼠尾草迎风招摇，夏季有百日草、向日葵，而夏秋之交及秋季则有彩色的海芋，冬天则是可人的郁金香。游客可在不同的季节到此，沿步道欣赏各类花草，体验不同的花田风情。

9:00

中社观光花市

缤纷花田踏春行

数年前花市主人将农场改用观光花田的模式经营，造就出这片美丽广阔的七彩花田。园内种植波斯菊、向日葵、鼠尾草、紫罗兰、玫瑰花，还有郁金香等各色海内外品种，微风吹拂下百花迎向阳光，缤纷灿烂宛如人间天堂。这里还有上千平方米的烤肉区，提供各种食材供游客边吃边玩。

活动情报

花海区入口处有个陶瓷彩绘专区，只要花100新台币，就可以选择各种形状的陶瓷风铃、陶瓷娃娃的彩绘作品。游客也可在风车下穿上大鞋拍照留念，仿佛置身于荷兰乡间，尽显田园风光。

Data

🏠 台中市后里区三丰路469-13号
☎ (04)2557-6926
🕐 平日 9:00~18:00，假日 9:00~21:00
💰 门票 100 新台币

11:00

新干线列车站
退役火车打造怀旧铁道风情

　　女主人的父亲花费百余万新台币向台铁购置四节平快电车车厢，靠着一股傻劲和巧思改装，他将车厢打造为台湾唯一的火车民宿。一节做餐车，三节做住宿，许多铁道迷闻风而来，在车厢餐厅享用火车便当及体验火车民宿，是泰安铁道文化园区最受游客喜爱的经历。

Data
- 址 台中市后里区安眉路 37 之 21 号
- 电 (04)2558-7588，0963-029-945
- 网 www.sinkansen.com.tw
- 设 儿童游乐区，多人自行车

13:00 🐴

张连昌萨克斯纪念馆
萨克斯之乡邂逅达人家族

　　萨克斯之父张连昌与友人合组乐团，坏掉的萨克斯成了他的研究对象，造就第一把本土制造萨克斯，改写后里产业史。曾经世界上每三支萨克斯就有一支产自后里，各地爱乐人也纷纷来此寻觅理想乐器，肯尼吉、王力宏都曾到此一探。

Data
- 址 台中市后里区公安路 41 号
- 电 (04)2556-2363
- 网 sax.org.tw

15:00 🐴

台糖月眉厂
漫游旧时光百年糖厂吃冰棒

　　台糖月眉厂兴建于 20 世纪初，在日本侵占时期由日本人兴建。一进大门，一栋栋灰瓦平房建筑十分古朴可爱。里头的职工福利社出售各式冰棒，口味多种多样，常吸引大批游客不远千里前来品尝。厂内还有鲤鱼池、小吃摊以及各种台糖，如砂糖、健素糖、酵母粉等，种类繁多。

Data
- 址 台中市后里区甲后路 864 号　电 (04)2556-1100
- 时 8:00~17:30　网 www.taisugar.com.tw

老雪花斋饼店

　　老雪花斋的名字取"花香天下中秋桂，雪映庄前腊月梅"之意，在丰原无人不知。过去雪花饼馅中有一小块肥肉，现在则改用入口即化的肉酱，少了油腻的口感但仍保持原有风味。而绿豆椪月饼一个个表皮淡黄，甜而不腻，饱满香酥。

Data
- 址 台中市丰原区中正路 200 号
- 电 (04)2522-2713
- 网 www.snowflake.com.tw
- 时 8:00~22:00

石冈·东丰

生态之地山水
扣人心弦

　　石冈是山水环绕的山城，连接东势与丰原。这里水清山绿，当地居民对环境及文化的维护不遗余力，有机栽培与自然生态保护概念也很早就在此深入人心。因此，石冈成为当地最自然、最吸引人的景点。

建议行程

Day1
东丰绿色走廊→电火圳生态步道→挑嘴娘子庭园餐厅→慧千园健康休闲农场民宿

Day2
慧千园健康休闲农场民宿→美丽的生态农场→土牛客家文化馆→食水料休闲农园→石冈传统美食小铺

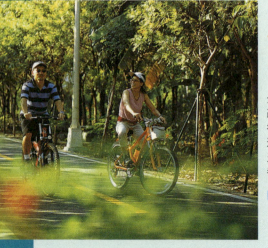

14:00

东丰绿色走廊
自行车道回忆历史

　　东丰绿色走廊全长 11 公里，是全省最长，也是第一条由废弃铁道改建的自行车道。沿大甲溪河岸而行，观览地形地貌、村落聚居，铁道与水圳交错，骑车行经其间，景色独特而优美。邻近更有许多观光景点，如石冈水坝、火车站旧址、梅子村及"9·21"地震遗迹等都记录着人与自然的关系。

Data

🚉 台中市石冈区丰势路　🚗 中山高速公路丰原交流道下，经中正路左转圆环西路接圆环北路，行至二段处左转丰势路，再由丰势路直行至石冈水坝，沿路标可见

16:00

电火圳生态步道
观察生态最佳散步线路

　　"电火"在客、台语中即电灯之意。位于半山腰的电火圳步道开凿于日本侵占时期，两侧植物生态丰富，九芎、山芙蓉、茄苳树等植物沿途可见，从步道上瞭望，视野非常开阔，天晴时还可见到连绵的中央山脉与雪山尖峰。

Data
址 台中市石冈区和盛里丰势路国中巷国中二号桥旁，"国道"4号丰原端下，左转台3线丰势路于梅子桥右转国中巷，位于国中二号桥旁

18:00

挑嘴娘子庭园餐厅
不是好滋味不进馋客嘴

　　挑嘴娘子位于沿万仙街半山腰一处270度大回转岔路口，是一家平价客家菜的合菜餐厅，新鲜现炒的各式佳肴令人垂涎，其中功夫菜色有桂笋封肉、焖鸭、焖笋等，还提供送货上门服务。餐厅一楼为室内用餐区，二楼则设有舞台与舞池以及户外餐饮区，可提供大型聚会或户外烤肉。

Data
址 台中市石冈区龙兴里万仙街 10-1 号
电 (04)2582-4288
时 10:00~22:00

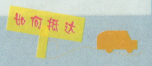

如何抵达

石冈·东丰嬉游地图

驾车
1. "国道"3号或"国道"1号转"国道"4号，下丰原端终点转台3线往石冈
2. "国道"4号高架下，即为东丰自行车道与后丰自行车道的交会处

公共交通
1. 可于台中火车站前或丰原搭乘丰原客运往东势方向可抵
2. 台铁丰原站下车，改搭往东势的丰原客运可抵

加油站
石冈丰势路站加油站：台中市石冈区明德路2号
电话: (04) 2572-2984
统一精工石冈加油站：台中市石冈区明德路195号
电话: (04) 2572-2277
台亚石冈加油站：台中市石冈区丰势路1322号
电话: (04) 2572-2177

20:00

慧千园健康休闲农场民宿
红眠床上聆听蛙鼓齐鸣

　　慧千园主人在"9·21"后保留了石冈乡仅存的土角厝三合院，另一受损严重的侧屋则兴建钢筋结构的欧式建筑，形成独特的中西合璧民宿。这里还有一大片生机盎然的庭院，造就一片丰富的自然生态，超过 15 种蛙类在这里生长，主人也种植有机蔬菜，提供给住客当早餐。

Data
🏠 台中市石冈区龙兴里万仙街仙塘坪巷 20 号之 1
📞 (04)2582-1080，0919-662-298
🌐 www.wretch.cc
💰 双人套房：平日 2000 新台币，假日 2888 新台币；
　　红眠床：平日 1800 新台币，假日 2488 新台币

Day2
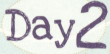

9:00

美丽的生态农场
与自然生态共存的果园

　　农场主人谢美丽嫁到石冈后开始接触果树种植，坚持以有机方式栽种，只生产水晶芭乐。泰国芭乐的自然变种无子且口感特殊，清甜爽脆中带点水果香酸滋味。农场并没有开放给游客采摘，想参观可以事先预约。由于完全没有农药，所以芭乐在外观上无法与一般市面上的芭乐相比，但是口感与安全绝对令人满意放心。

Data
🏠 台中市石冈区龙兴里食水
　　料巷 9-1 号
📞 (04)2581-5275
🕐 参观果园需事先预约
💰 50 新台币／斤

11:00

土牛客家文化馆
记录大埔客家文化传承

　　文化馆原本是已有 300 多年历史的石冈刘姓大户旧宅，为清朝贡生刘文进所建盖，后于"9·21"大地震中全毁。为保存客家传统文化以及当地人文历史，石冈乡公所与刘氏宗亲便在原址还原当初刘家旧宅原貌，并且提供大埔客家生活文化的民俗风情，让游客了解山城客家开垦时的顽强精神。

Data
🏠 台中市石冈区土牛里丰
　　势路德成巷 10 号
📞 (04)2582-5312
🕐 周二至周日 9:00~17:00
🌐 hakka.shihkang.gov.
　　tw/home.asp

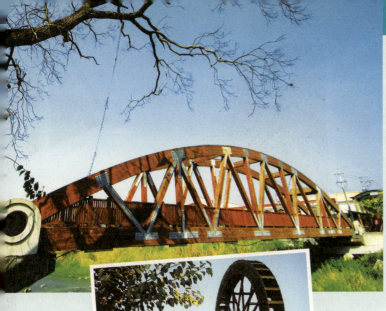

12:00
食水嵙休闲农园
人气木桥带动石冈观光

食水嵙溪除了提供民生用水与农田灌溉用水，溪流中还有多种水生植物、鱼虾水虫，生态丰富。农园是石冈乡发展观光的首要据点，园区由横跨食水嵙溪上的情人木桥连接，情人桥外有商店街、保健植物园、餐厅等，桥内则是农园区，规划有石农咖啡、大水车、水上娱乐设施、马场、登山步道等设施。

Data
地 台中市石冈区丰势路山下巷 3-3-2 号
电 (04)2572-3819
时 平日 13:00~22:00，假日 10:00~22:00，周一公休

15:00
石冈传统美食小铺
品尝当地好料理

石冈传统美食小铺位于食水嵙休闲农园。入口旁，提供地道的客家美食，在美味背后有着不向命运屈服的故事："9·21"地震后许多家庭顿失经济来源，这些拥有好手艺的妈妈们便集结起来，在这里提供餐食服务。姜丝大肠、客家小炒等是游客必点的菜式，蜂巢蛋糕、芋头粿等招牌点心则令人回味再三。

Data
地 台中市石冈区九房里丰势路 889 号
电 (04)2572-1490
网 www.hakka-food.com.tw

东势

林业文化完整呈现

　　东势是通往中横公路的门户，为中台湾重要的交通中转站，昔日也是八仙山木材经森林铁道运往丰原的重要停靠站，附近的一家制材厂现已由林务局规划为林业博物馆。

连续行程

Day1
优恩蜜观光农园→东势林场→森林咖啡屋→森林小木屋
Day2
森林小木屋→白冷圳→云馔休闲庭园→薯良驿站→石围墙酒庄

14:00 🐴 🍴

优恩蜜观光农园
自采鲜果现尝美味

　　以栽种新鲜番茄出名的优恩蜜观光农园采用高、中、低三层架高的栽种方式，让游客不但可以亲手采摘一串串垂吊在空中的番茄，还能购买番茄幼苗回去栽种。此外，园主特别从日本引进果粒黄白相间的水果玉米，口感清甜弹嫩，可以直接生食，园内也允许游客现采现吃。

Data
址 台中市东势区坪头里石山巷29-10号
电 (04)2587-7249
时 9:00~18:00，周一公休
势 黄色番茄、水果玉米100新台币／斤

16:00 🐴 🍴 🏠

东势林场
漫游森林聆听天籁之音

　　东势林场的景观可谓四季分明，每年2~3月可以赏樱花、杜鹃；4~5月有油桐花季，而近年来萤火虫复育成功，每逢夏夜便可在树丛中瞥见那一闪一闪亮晶晶的点点绿光；时至秋冬，落叶的林木立刻展现出不同的风貌。游客到东势林场，只管一边沐浴在森林的芬多精中，一边欣赏沿途美不胜收的景致，来趟大自然的身心SPA。

Data
址 台中市东势区势林街6-1号　**电** (04)2587-2191
时 6:00~22:00　**势** 全票250新台币，半票200新台币

民俗公园

生机盎然的 2 月初春，各种生物悄悄地从冬眠中苏醒，纷纷出外活动觅食，此刻不妨坐在樱花林下观察林场内的丰富生态，别有一番趣味。

油桐山庄

4~5 月初夏时节，桐花粉墨登场。园内约 100 公顷的油桐林好似雪花纷飞，油桐花径有如铺上白色花毯的迎宾大道，浪漫优美。

17:30

森林咖啡屋
品尝花香轻食

漫步森林步道之后，可以到这间咖啡屋小憩，来杯风味独特的迷迭香玫瑰花茶。这里同时也供应晚餐和早餐，餐饮皆附汤、饮料与分量不少的新鲜水果，美味营养又健康。

Data
- 地 东势林场内
- 时 11:00~22:00
- 费 下午茶 130 新台币起，风味套餐 190 新台币起

20:00

森林小木屋
遗世独立的山中岁月

东势林场里有许多风格不同的住宿区，其中以位于林间的独栋木屋最受游客欢迎。夜晚聆听着虫鸣的大自然交响乐入睡，早晨在花香鸟语中苏醒，打开窗户便能享受到整座森林散发出的绿野香气。

Data
- 地 东势林场内
- 电 (04)2587-2191
- 费 套房 2200 新台币起，山庄每间 1400 新台币，通铺 200 新台币，露营 500 新台币

东势嬉游地图

驾 车
下后丰交流道后第四个红绿灯左转，过埤丰桥可抵

公共交通
"国道"客运、国光客运、丰原客运等皆可抵

加油站
东势站加油站：台中市东势区粤宁里丰势路 678 号
电话：(04) 2587-2454
东绮加油站：台中市东势区中正路 332 号
电话：(04) 2588-8938
亿富加油站：台中市东势区东关路 496 号
电话：(04) 2585-2212

Day2

10:00

白冷圳
台湾高山水圳工程典范

灌溉新社区无数良田的白冷圳，沿高山绵延 16 公里，堪称台湾灌溉史中绝无仅有的高山水利工程典范。日本侵占时期为发展蔗田，于 1928 年兴建此圳，水源引自台中市和平乡白冷高地，圳道一路穿山凿井，并以倒虹吸管原理翻山越岭解决高低落差问题，长达 346 米的虹吸管为远东地区最长。开通至今 80 多年，该圳除了仍然为新社带来丰沛的水源，更入选为全省历史建筑百景之一。

Data

🏠 台中市新社区中和里中兴街 233 号旁
☎ (04)2581-7409

11:00 🍴

云馔休闲庭园
好山好水佐美味料理

开阔的山河视野，游客置身在此平静无波的水岸边，享受绿意花香。随着四季与天光的变化，云馔也随之展现不同的风情，无论在这里赏景小憩、啜饮咖啡还是享用美食，都令人心旷神怡。

Data

🏠 台中市东势区庆福里东关路 170 之 5 号
☎ (04)2585-4978，0919-092-150
🕐 平日 9:30~18:00，假日 9:00~20:00
💰 咖啡花茶饮料 130 新台币起，各式茶点 100 新台币起，韩式泡菜锅 290 新台币
🌐 yunzhuan.mmmtravel.com.tw

13:00

薯良驿站
软埤坑另类玩乐

　　软埤坑休闲农业区是一处淳朴的客家山庄，园区内有樱、桃、李、梅、柿子等果树，生态景观丰富。其中薯良驿站提供薯良染与米粄DIY。薯良是当地山间的野生树种，由于具有不褪色、防腐等功能，当地居民都把薯良的茎块拿来当染布的原料。游客到这里可以亲手染出一条独一无二的丝巾，另外还可自己动手制作客家美食"米粄"，有吃又有玩，其乐无穷。

Data
🏠 台中市东势区庆福里庆福街12号
📞 (04)2585-2202，0923-367-928
🕐 须事先预约

16:00

石围墙酒庄
尝客家味 品水果酒

　　有着复古红砖外观的石围墙酒庄是家有名的制酒厂，其中梅酒最受游客欢迎，近年更推出酒精度高达70度的高粱酒。酒庄内供游客DIY，以剪纸做出属于自己的星座酒瓶，是团体游客最喜爱的活动之一。酒庄内附设的餐厅则提供地道又美味的客家菜肴。

Data
🏠 台中市东势区茂兴里东兰街196-65号
📞 (04)2587-9197　🕐 10:00~17:00，周一公休
🌐 sweetcharm.smartweb.tw

喝酒不开车

新仓五谷坚果粉
香味扑鼻坚果粉

　　来到传承至第三代将近40年的新仓五谷坚果粉，掀开摆放在店内一桶桶的谷粉，芝麻的清香、杏仁的甜味立刻扑面而来，这里的谷粉原料由店家自行烘烤再以机器研磨。老板娘特别推荐坚果粉和二十合一五谷粉，不但人体所需要的营养几乎都包含在其中，而且自制的谷粉完全不添加防腐剂，还能依客人需求搭配不同口味的谷粉，让游客吃得健康又放心。

Data
🏠 台中市东势区中宁里中盛弄9号
📞 (04)2587-3038
🕐 7:00~21:00（每月第一、第三周的周一公休）
💰 坚果粉（南瓜、葵花子、松子、腰果）350新台币／包，二十合一 220新台币／斤

新社

建议行程

Day1
大菩提生态教育休闲农庄→又见一炊烟→千桦庭园咖啡→天籁园

Day2
天籁园→玫瑰森林→新社莲园休闲农场→升和香菇农园→新社古堡花园农庄

蝶飞花舞的缤纷城镇

在台湾当局大力推动"一乡一休闲"政策的改造下，新社区已然成为一座彩蝶飞舞、处处花香鸟鸣的优美城镇，而充满欧陆风情的咖啡馆与特色民宿更为此区增添浪漫的悠闲气息。

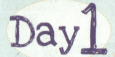

14:00

大菩提生态教育休闲农庄
回归原野拥抱自然

拥有 5 公顷原始生态区、湿地赏鸟区的大菩提园区内共栽种 200 多种香草、观叶植物、有机蔬果等，完全无农药，家长可以安心地与孩子们一起采摘山蔬果菜，另外这里还有人工复育的盖斑斗鱼，生态区的摸蛤、泥鳅，全家可以一起上一堂真实又生动的自然课。园区内还安排植物染、蜡染、彩葫 DIY 等文化创意活动，趣味十足。

Data

🏠 台中市新社区永源里中和街一段山脚巷 55 号
📞 (04)2581-7469
🕐 9:00~19:00
🎫 全票 150 新台币，
儿童票 80 新台币，团体票 120 新台币
🛏 平日 500 新台币／人（含早餐）、假日 600 新台币／人（含早餐）

16:00

又见一炊烟

京都情调慢食风味

"打造一个让人停下来慢慢品味的空间,感受禅的力与美"是又见一炊烟主人的理念。驻足在风雅的日式庭园与回廊,凝望水畔亭台、池面上的相思树林倒影,仿佛时空错置,以为来到了日本的京都,令人陶醉。从主打的11道创意料理到特别定制的三义"春日窑"器皿,处处可见主人营造品味生活的用心。

Data

- 址 台中市新社区中兴里中兴岭 363-35 号
- 电 (04)2582-3568(须事先订位)
- 时 10:00~22:00;
  中餐 11:30~17:00,
  下午茶 14:00~17:00,
  晚餐 17:00~22:00
- 费 中、晚餐 800 新台币,下午茶 250 新台币

如何抵达

新社嬉游地图

驾 车
1. 中山高:从台中交流道接"国道"4 号,在终点左接 3 号省道往新社区
2. 中二高:从中港交流道接"国道"4 号,在终点左接 3 号省道往新社区

公共交通
1. 台中客运:台中→大坑→中兴岭
2. 仁友客运:台中→大坑→中兴岭
3. 丰原客运:台中→大坑→中兴岭→新社→东势

加油站
统一新社加油站:台中市新社区中兴里中兴岭 425 号
电话:(04)2582-0231
新社加油站:台中市新社区中正里中和街五段 58 号
电话:(04)2581-9102
台新加油站:台中市新社区中正里中和街五段 38 号
电话:(04)2582-2669

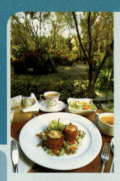

17:00 🍴

千桦庭园咖啡
繁花绿叶 品味风雅

　　充满田园诗意的千桦庭园占地约6000平方米，园内种植近百种花卉草木，在主人精心布置下巧妙地与周遭自然景观融合，层次分明。坐在绿意围绕的玻璃花园餐厅，来一份由留法主厨以奶油热锅将洋葱炒软、放入烧出焦糖味的蜂蜜、再倒入整整一瓶意大利陈年红酒及红酒醋做出的上等菲力牛排，一入口果然不同凡响！浪漫美景配上精致佳肴，让人烦忧尽消。

Data
🏠 台中市新社区协成里协兴街 61 号
📞 (04)2582-1141
🕐 平日 9:00~18:00，假日 10:00~19:00，周二公休
💰 游园参观费用 100 新台币，可抵消费
🌐 www.chgarden.com.tw

20:00 🏠

天籁园
古典巴洛克雍容飨宴

　　天籁园是一座仿巴洛克古典风格建筑的民宿，内部奢华，五彩缤纷的水晶吊灯呈现欧洲贵族般的雍容华贵，窗户两旁典雅的布幔垂挂，突出高贵沉静的迷人气质。园内提供一二十种有机香草茶，全都来自主人自家栽种的香草园。住在这媲美五星级饭店的民宿，啜饮浓郁的咖啡及清新的花草茶，体验从容优雅的乡间贵族生活，是种难得的享受。

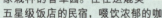

Data
🏠 台中市新社区永源里中和街一段 6 巷 16 号
📞 (04)2582-1366
🕐 10:30~21:00
💰 双人套房楼下 3500 新台币，楼上 4000 新台币，平日 5 折假日 7 折，均含早餐；假日住宿需一个月前电话预约，15:00 后入住
🌐 www.tenlai.com.tw

Day2

9:00 🐎

玫瑰森林
玫瑰花瓣簇拥浪漫

　　占地几千平方米的玫瑰森林的主人为花农出身，凭着专业技术成功培育百余品种，让游客一年四季皆可欣赏五彩缤纷的玫瑰花海。游客在此可享受亲手采摘玫瑰花的乐趣，也可选择喜欢的花瓣颜色，与精油香料调制出属于自己独一无二的玫瑰手工香皂。

Data
🏠 台中市新社区协成里华丰街 129 号
📞 (04)2582-0205
🕐 平日 11:00~17:00，假日 9:00~18:00
💰 入园费 100 新台币可抵园内消费，采花 20 新台币/朵，玫瑰香皂 DIY100 新台币；玫瑰炸鸡腿排套餐 280 新台币

11:00 🍴🐎

新社莲园休闲农场
一尘不染的迷人清香

　　进入新社莲园，恍若印象派画家莫奈名作《睡莲》映入眼帘，各色亭亭玉立的香水莲花在池中悠然绽放，古色古香的竹桌木椅则散发着浓浓书卷气息。这间以"莲"为主题的雅致餐厅，提供健康餐点及有机栽种的莲花茶，金黄的莲花茶可增强免疫力及抗衰老。用现摘的香草腌渍的天然美食，为游客带来一场淡雅芬芳的清新飨宴。

Data
🏠 台中市新社区东兴里兴社街一段 185 号
📞 (04)2581-0352
🕐 平日 11:00~22:00，假日 9:00~22:00
💰 入园费 100 新台币可抵园内消费；鲜采迷迭香烤春鸡套餐 420 新台币，茵陈蒿牛腩饭套餐 380 新台币
🌐 0425810352.mmmtravel.com.tw

13:00 🐴

升和香菇农园
趣味的香菇生态教学

　　升和香菇农园的老板吴莹亮常为上山前来采香菇的游客先上一门香菇课，然后再带大家到占地约6公顷的香菇园里实地摘采（5~10月为盛产期）。若要自行摘采香菇，则须按照时价计算。采完香菇可在泡茶区吹吹山风，或到庭园赏鸟、看独角仙。

Data
- 地 台中市新社区协成里协中街263号（春福兰园旁）
- 电 (04)2581-5777
- 时 8:00~18:00
- 费 各式香菇酥每包100新台币，采摘香菇以时价计算（需先预约）

15:00 🐴

新社古堡花园农庄
王子与公主的幸福生活

　　来到这座宛如童话世界中古世纪城堡的新社古堡花园农庄，置身于南欧西班牙式的庄园、湖泊及森林这优美的环境中，真有种自己就是王子公主般的梦幻感受。农庄内的漂流木与枕木制作的栏杆与湖畔造景带着原木的温暖芳香，让游客在此可以放松心情，纯然享受庄园古堡的质朴美感。

Data
- 地 台中市新社区协成里协中街65号
- 电 (04)2582-5628
- 时 9:00~18:00
- 费 门票250新台币

冬日丘陵壮丽花海 🐴

　　秋冬交替之际，50余公顷的油菜花、大波斯菊、非洲凤仙，将起伏的丘陵装点得十分亮丽。

- 地 台中市新社区种苗改良繁殖场（中兴岭附近第二苗圃）
- 电 (04)2581-1511（新社乡农会）

荔陶宛 🏠

　　这间充满陶艺风的民宿处处可见主人的巧思与创作，同时还会免费教导游客玩陶。

- 地 台中市新社区协成里兴隆街21号
- 电 (04) 2581-1141，092-292-2633

桃李河畔 🐴

　　山陵叠起的缓坡之间，两千多棵桂花飘香，漫步后山步道，尽情沐浴在清香之中。

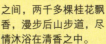

- 地 台中市新社区中和里中兴街98-1号
- 电 (04)2593-1588
- 时 平日10:30~19:00，假日10:30~21:30

薰衣草森林 ☕

　　这里有广大的紫色薰衣草田，连服务人员的工作服、餐厅桌巾、布幔等都使用深浅不同的紫色，浪漫无比。

- 地 台中市新社区中和里中兴街20号
- 电 (04)2593-1066
- 时 9:00~18:00
- 费 门票100新台币（可抵消费）

北屯·大坑

新温泉区好汤美景相伴

　　"9·21"地震车笼埔断层穿越台中大坑，地层激烈变动产生地热，造就出新的温泉区。来到大坑时一定要挑选一家新的温泉会馆享受全新温泉。炎热的夏季则不妨到大坑风景区游玩，夜晚吹着徐徐凉风，一边啜饮香醇咖啡一边仰望满天星斗。

建议行程

Day1
纸箱王休闲园区→山河恋休闲咖啡→日光温泉会馆
Day2
日光温泉会馆→大坑森林步道→荔园休闲农场→心之芳庭

Day1

14:00

纸箱王休闲园区
瓦楞纸打造奇幻空间

　　毫不起眼的纸箱如何变成生活用品与艺术创作？纸箱王的主题亲子创意园区教游客将各式瓦楞纸板制作成各种意想不到的物品，这些创作不只好看新奇，而且跟真品一样坚固耐用。除了纸箱创作及艺术商品出售，假日更有DIY教学活动、音乐表演及美食盛宴，是全家一同出游的好选择。

Data
地 台中市北屯区东山路二段 2 之 1 号
电 (04)2239-8868
时 11:00~22:00（供餐至 20:30）
网 0422398868.tw.tranews.com

17:00

山河恋休闲咖啡
眷恋绿野山峰

　　白天的山河恋视野开阔，可远眺太平、大里、雾峰等地，是北屯视野最广阔之处。在此侧耳聆听山林的呼唤、依傍婆娑的树影，黄昏时刻，远处天边红霞激滟，落日云彩变化万千。入夜时分，这里更是欣赏夜景的绝佳去处，盘踞在半山腰上，伴着倾泻而出的轻柔音乐啜饮一口咖啡，让人对山河之美念念不忘。

Data
地 台中市北屯区东山路一段 459 号
电 (04)2239-1114
时 10:00~ 次日 1:00

20:00

日光温泉会馆
绿意山间邂逅温泉

　　台中日光温泉会馆是大坑风景区新兴的高质量美容温泉会馆，馆内视觉营造十分用心，以极简线条衬托明亮空间、搭配大自然元素点缀其中，呈现清新脱俗的时尚设计。并且引进数千条有"医生鱼"美称的温泉鱼，打造温泉新体验。

Data
地 台中市北屯区东山路二段光西巷 78 号
电 (04)2239-9000
时 住入 17:00，退房 12:00
费 房价 4800 新台币，温泉屋平日 1280 新台币、假日 1680 新台币，SPA 大众温泉区全票 500 新台币
网 www.sunhot.com.tw

北屯·大坑嬉游地图

驾　　车
"国道" 1 号大雅交流道下，行驶至文心路左转往大坑风景区方向

公共交通
1. 仁友客运 1、20、21、31 号，于台中火车站前上车，在大坑圆环站下车，步行两分钟即可抵达
2. 台中客运 15、16 线，于绿川东街上车，在大坑圆环站下车，步行两分钟即可抵达

加油站
信毅加油站：台中市北屯区军功路二段 168 号
电话: (04) 2239-9561
南北通加油站：台中市北屯区环中路一段 1200 号
电话: (04) 2425-9911
全国加油站（大坑站）：台中市北屯区松竹路 1 段 640 号
电话: (04) 2239-7553

Day2

9:00
大坑森林步道
绿意环绕健身好去处

大坑森林步道共有9条，其中1、2号步道曲径清幽，沿途可欣赏多种蕨类植物；而3、4、5号步道陡峭，最富挑战性，体能不够好的人别轻易尝试，不过这几条步道可眺望头嵙山峰峦美景，虽辛苦却很值得。

Data
 台中市北屯区东山路二段浊水巷9之1号

11:00
荔园休闲农场
古朴农舍采橘体验

传承三代、种植数十株荔枝树的荔园占地约1.5公顷，农园中还有橘子、龙眼、桑葚等果树。游客不但可体验亲手采摘的乐趣，还能品尝主人的拿手好菜，自酿红曲制作的口感外酥内嫩的红曲猪排真材实料，口味让人回味无穷。

Data
址 台中市北屯区大坑里东山路二段136号
电 (04)2239-3797
时 采摘8:00~17:00，供餐11:00~14:00、18:00~21:00，平日需预约（周一公休）
数 红曲猪排套餐280新台币，原汁牛肉锅300新台币，牛肉面套餐200新台币

13:00
心之芳庭
携手共度幸福时光

心之芳庭是薰衣草森林品牌专门为恋人们打造的幸福庄园，营造出浪漫的法国气氛。园区共有香草铺子、森林音乐盒、Marchè市集及亲亲·我的家、小南法餐厅，每一个馆区都有鲜明的主题，整个约会区外的造景也特别营造出甜蜜气氛。

Data
址 台中市北屯区民政里芳庭路1号
交 "国道"1号至大雅交流道下，走中清路至太原路左转直行过廊子巷，依指示牌转入北坑巷经过逢甲社区岗亭直行到底右转可抵
电 庆典区 (04)2239-8900
   亲亲·我的家 (04)2439-2743
时 11:00~22:00，假日10:00~22:00
网 www.moncoeur.com.tw

亲亲·我的家
甜蜜双人套餐

亲亲·我的家是薰衣草森林的慧君与图文作家米力一起构思的浪漫小屋，以"两个人的幸福生活"为灵感，通过精心布置的每个角落，让人体验出爱情的甜蜜时光也可以是生活中随手可得的。

小南法
悠闲南法风情的释放

这里好似欧洲小镇的街道风景，城堡般的建筑常吸引新人到此地拍摄婚纱照。园区内的每个角落都值得细细品味，只来一次真有意犹未尽的感觉。

市中心

南北枢纽 时尚都会区

充满活力朝气的台中，有广阔的绿地、文化美学的博物馆、一流的棒球场、林立的百货公司、各有特色的商圈，也有别具历史意义的古迹建筑，它融合了传统与现代、东方与欧风，多变的面貌令人着迷。

Day1

建议行程

Day1
省立自然科学博物馆→省立台湾美术馆→中华路夜市→继光商店街→昭盛52行馆

Day2
昭盛52行馆→精明一街商圈→快雪时晴→美术园道→台中市政府

14:00

省立自然科学博物馆
宛如走进百科全书

这是台湾省内第一座科学博物馆，也是第一座将自然科学生活化、趣味化的大型博物馆。园区中分科学中心、生命科学、中国科学、地球环境4个展示厅，还有最受欢迎的剧场。新近落成的植物公园有个热带雨林温室，不但外观炫目，里面上千种热带植物也令人眼花缭乱。建议事先规划好参观路线及行程，分次参观。

Data
- 址 台中市北区馆前路1号
- 电 (04)2322-6940，太空剧场及立体剧场免费订位电话 0800-432-307#8
- 时 9:00~17:00（周一、除夕、农历年初一公休）
- 费 科学中心20新台币；太空剧场一般观众100新台币，一般团体70新台币，学生50新台币，家庭卡观众70新台币；立体剧场一般观众70新台币，一般团体50新台币，学生团体30新台币，家庭卡观众50新台币；展示场一般观众100新台币，一般团体70新台币，学生团体50新台币；热带雨林温室一般观众20新台币，一般团体20新台币，学生团体10新台币

丰仁冰

历经五十多年，丰仁冰在台中市区可说是无人不知无人不晓。由凤梨碎冰、蜜豌豆和冰激凌组合而成的多滋味多口感冰品，当初因为没有为这种冰品取名称，因此街坊邻居便以老板的名字作为这种可口小吃的正式名称。目前店内有凤梨、红茶和酸梅三种口味，只想吃水果或只想吃雪泥都可以告诉老板，丰仁冰就像一个亲切的邻居，满足你品尝冰品的需求。

Data
- 址 台中市北区双十路二段15号
- 电 (04)2245-5083
- 时 8:00~22:30
- 费 30新台币

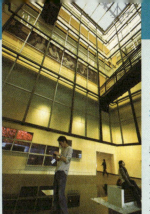

16:00 🐴

省立台湾美术馆
培养中台湾文艺气息

Data
地 台中市西区五权西路 2 号
电 (04)2372-3523
时 9:00~17:00

省立台湾美术馆和台中市立文化局为邻，北边是自然科学博物馆。美术馆本体建筑造型简洁规整，以大块的立方体呈阶梯递降，天然石片作为外饰材料，在晴空下分外独特美丽。24 个展览室分布全馆，定期举办省内外名家各种艺术作品展，并设置美术街、美术广场及文物供应部，以满足参观者多方面需求。

18:00 🍴

中华路夜市
台中最大的夜市

中华路夜市位于市区心脏地带，已有 40 几年历史，拥有"台中最大夜市"的名号。300 多个摊位汇聚了南北口味小吃、各地美食，甚至有日本媒体慕名来访。这里有十几家海产店，也有卖补品的专门店，像卖鳖、蛇、当归土虱等，许多美食家常来中华路夜市大啖美食。

Data
地 台中市中区中华路

潭子臭豆腐

位于中华路夜市、已经卖到第三代的潭子臭豆腐，由于口感特殊，广受喜爱，摊前不时聚集头戴安全帽的买客，堪称潭子臭豆腐的招牌画面。潭子臭豆腐自创的双锅油炸法：第一锅将臭豆腐炸到七八分熟起锅备用，等到客人上门再下高温快炸的第二锅，马上起锅的臭豆腐加快了上菜速度，更重要的是保留了香气汤汁，外香酥内滑软，再配上泡菜和辣椒酱，着实让人百吃不腻。

市中心嬉游地图

N
大雅交流道
潭子区
① 北屯区 ①乙
台中交流道
京璞古美术
精明一街商圈
⑫ 西区
昭盛52行馆 ③
古ku 省立自然科学博物馆
快雪时晴 北区
南屯交流道 经国园道 丰仁冰 东区
省立台湾美术馆 中区
中华路夜市
台中市政府
北平一品香
74 南屯区 继光商店街
京华烟云 荣记饼店 136 太平
美术园道

如何抵达

驾　车
"国道" 1 号中港交流道下，往台中市区方向

公共交通
1. 搭乘高铁至台中车站下，再搭乘高铁联外接驳车可抵市区
2. 搭乘台铁至台中火车站下
3. 国光客运、统联客运、阿罗哈客运等皆可抵达

加油站
自由加油站：台中市东区自由路四段 170 号
电话：(04)2212-2780
北基复兴加油站：台中市南区复兴路三段 291 号
电话：(04)2229-5596
忠明圆环加油站：台中市西区忠明南路 14 号
电话：(04)2325-2807

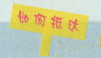

20:00 🎠
继光商店街
中台湾的电子商城

台中继光电子街商圈位于台中市火车站、台汽车站与市公车总站附近，是台中市中心的主题性商业街道之一。电子街原先只是几家电脑专卖店群聚于此，经过台中市政府在继光街、绿川西街、中正路及其相邻的自由路商圈完成继光电子街徒步区的造街工程，商业街由此形成。人行徒步区上设有许多座椅，供逛累的民众休息，还设置一处活动广场，每逢周末都会举办促销活动，因此这里成为年轻人最爱的电子街。

Data
址 台中市中区继光街、中正路西侧至民权路
时 10:00~22:00

22:00 🏬
昭盛 52 行馆
东洋极简禅风

打破台中多数业者追求的奢华风格，昭盛 52 行馆以日式极简的美感，在旅馆界独树一帜。馆内采用"回"字型的天井空间设计，让每间客房都能拥有充足的自然光线。客房以简约的木质、皮革及新古典三种风格装饰，呈现独特的品位。馆内还有可上网的商务中心、阅读中心、健身房、保龄球馆及冥想园等，满足差旅族的需求。

Data
址 台中市忠明路 48 号　电 (04)2317-5000
注 可刷卡；有 44 个停车位

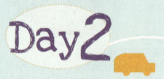

Day2 🚗

10:00 🎠
精明一街商圈
最浪漫的精品名店街

不论是老练的台中通还是远道而来的观光客，来到这里都免不了在优雅浪漫的街道，享受随意闲晃的悠闲。被评选为台中第一条示范商店街的精明一街，因其经营方式受到民众的认同，自然而然地蔓延到附近大隆路一带区域，吸引不少优秀店家相继跟进。每逢假日，此商圈总能吸引数万人前来感受充满浓厚浪漫气息的休闲时光。

Data
址 台中市西区大隆路和精明路交会处
时 10:00~ 次日 1:00

古 ku

古的设计感极强，上门的客人个个都是有型有款的潮人，就连店里的店员也是一副衣架子，看起来普普通通的衣服，经过他们的试穿，马上变成店里的抢手货。店主人时常行走国外，看见满意的素材就买下或是和当地设计师合作，进口之后再设计，形成独一无二的商品，也衍生出自有品牌，许多当地的老外都是这家店的忠实客户。

Data
址 台中市西区精诚路 60 号
电 (04)2329-0150
时 12:00~22:00，
　　周六 12:00~22:30

京璞古美术

京璞古美术堆满了古董艺品、仿古家具和民艺雕刻，每一件商品都是老板从大陆细细搜寻而来，绝大部分是民国初期的古董。经过女主人巧思布置后，每件家具都展现出独特的风格，对于喜欢收藏古董艺术品的文人雅士，这里绝对是一个值得细品味和寻找宝贝的好地方。

Data
址 台中市西区大隆路 17 号
电 (04)2327-6948
时 12:00~22:00（周一公休）

12:00
快雪时晴
优雅快意的美馔时刻

快雪时晴取名自王羲之书法帖中，描述乍见晴雪两种截然不同的景致所引发的快意。入口的玻璃门采用竖立的大块玻璃贴组成星芒般的帷幕，白天有日影移动的轨迹，夜晚有灯火照映的光辉。室内空间在设计上巧妙地利用高椅背、装饰物，建立每桌座位的独立空间，墙壁上的镶嵌玻璃弹珠、悬吊式摇椅，在悠扬的歌剧演唱乐中显露出童稚的纯真乐趣。

Data
地 台中市西区精诚二十一街 25 号
电 (04)2320-0940
时 10:00~23:00
费 最低消费 120 新台币，用餐 200~330 新台币

14:00
美术园道
优质的人文艺术街道

美术馆周遭可说是全台中最得天独厚的环境，周边一条条赏景散心的舒适街道，集结了多家个性餐饮店，颇具设计风味，因而有"美术园道"的美称。街上餐饮店所具有的人文气息提升了台中人的居住品质，令人艳羡。

Data
地 台中市西区美术馆大门前

京华烟云

京华烟云就像是美术园道上的小型主题美术馆，里面尽是老北京的清宫御膳小点。喜欢中式下午茶或点心的人，看着满桌手工制作的豌豆黄、芸豆卷儿、绿豆糕、一品花酥、莲蓉酥，怎么能不垂涎三尺？来到这儿就像进了北京茶馆，喝茶嗑瓜子听戏看人，无一不有趣。

Data
地 台中市西区五权七街 57 号
电 (04)2372-5066
时 10:00~22:00
费 120 新台币起

16:00
台中市政府
百年办公厅

Data
地 台中市西区民权路 99 号
电 (04)2228-9111
时 8:00~17:00

台中市中心有许多办公厅建筑，都是日本侵占时期遗留下来的历史遗迹，台中市政府便是其中之一。市政府兴建于 1911 年 12 月 31 日，最初的红砖外墙，在后期被漆为乳白色，罗马式廊柱是这栋建筑最突出的特色，而附近几栋类似的建筑也十分值得一看。

荣记饼店

30 年老店的荣记饼店是老台中人推荐的咸蛋糕专门店。这里的咸蛋糕是在两片蛋糕间夹瘦肉、竹笋以及炒过的洋葱，虽然用猪油蒸烘过，但口感绵密不油腻，弥漫着一股淡淡的油香，隐含传统风味。

Data
地 台中市南区复兴路三段 370 巷 11 号
电 (04)2226-0581   时 8:00~20:00   费 咸蛋糕 150 新台币

北平一品香

一品香的产品保鲜期不能超过 3～5 天，开封后最好放进冰箱，他们的豆干、牛肉干和蜜饯都是秉持新鲜现做的原则，自制自销，就是要让消费者吃得美味又放心。

Data
地 台中市西区民生路 55 号   电 (04)2223-2966
时 周一至周六 9:00~21:00，假日 10:00~17:00
费 豆干产品每包重量 210 克售价 70 新台币；牛肉干产品每包重量 300 克售价 300 新台币

南屯·乌日·雾峰·大里

淳朴宁静的观光农村

雾峰、大里以观光果园闻名，这一带依山傍水，保有淳朴的农村景致，处处可见农田散布其间。不同于喧嚣的都市，此处田园阡陌、宁静闲适，是个放松舒压的好地方。

建议行程

Day1
枫树社区→田寮农庄→无为草堂→清新温泉度假饭店→乌日啤酒观光大街

Day2
清新温泉度假饭店→樟公巷休闲登山步道→莱园→桐林观光休闲农园→大里老街→四季人文餐饮空间

Day1

14:00
枫树社区
规划完善的模范社区

枫树社区是台中市社区总体营造计划中执行最完备的一处优质生活空间。社区里有棵大枫树，居民都喜欢到这里聚会聊天，久而久之成了"枫树角"，社区名也由此而来。社区内有多处古迹和自然生态区域，在莲花盛开时，社区的莲花池呈现出一派悠闲宁静的田园风光。

Data
🏠 台中市南屯区黎明路一段 233 号
📞 (04)2479-1416，可预约志愿者解说

16:00
田寮农庄
回味台湾农村风情

田寮农庄位于乡间稻田小径之间。老板与老板娘平日在田里种田，有人预约时也会为客人做些乡土小吃、家常菜等传统的台湾农村风味料理。此外，农庄还将现有的谷仓改装成农村文物馆，让游客可细细参观早期的农村用具。

Data
🏠 台中市南屯区枫树里乐田巷 2-34 号
📞 (04)2479-5186
🕐 11:00~22:00

18:00
无为草堂
茶艺馆经典之作

　　堪称台中茶艺馆代表作的无为草堂，一进入草堂内便能感受到江南园林糅合台湾风情之美。许多华侨或是外国友人特别喜欢来这里，享受每个房间迥异的风情。每周三晚间的中国传统音乐演奏让人流连忘返，大厅定期展出艺术作品。散布在各处的书画文物让喜爱艺术的人泡在这里一整天也不厌倦。

Data
- 址 台中市南屯区公益路二段 106 号
- 电 (04)2329-6707
- 时 10:00~ 次日 1:30
- 费 最低消费 120 新台币

20:00
清新温泉度假饭店
璀璨醉人的温泉乡

　　以大肚山麓勘探到的碳酸氢钠温泉为卖点，"清新温泉度假饭店"共有155间各式泡汤客房，包括独立的温泉别墅、日式别墅汤屋，更有儿童俱乐部提供儿童专业照顾服务。透过大片观景窗，白天可远眺中央山脉、台中港区，入夜后可一览万家灯火。

Data
- 址 台中市乌日区成功西路 298 号　电 (04)2382-9888
- 网 www.freshfields.com.tw　费 房价 2399~5000 新台币

22:00
乌日啤酒观光大街
饮啤酒吃烧烤

　　走进乌日啤酒观光大街，各种摊商一字排开，啤酒烧烤广场、卤味、冰品及饰品、生活创意馆应有尽有，好不热闹。啤酒厂全麦、黑麦、红曲、果汁等系列一应俱全，不喝酒的人也可选择无酒精黑麦汁畅饮。

Data
- 址 台中市乌日区光华街　电 (04) 2336-3502
- 时 16:00~24:00

喝酒不开车

南屯·乌日·雾峰·大里嬉游地图

龙井交流道　台中交流道　南屯交流道
大肚　大肚区　桐树社区　太平区
清新温泉度假饭店　南屯区　太平 136
无为草堂　74
王田交流道　田寮农庄　大里　四季人文餐饮空间
彰化系统交流道　乌日　大里老街　桐林观光休闲农园
乌日区　乌日啤酒观光大街　129
127　姜方芋仔冰城　大里区
63　樟公巷休闲登山步道
莱园
雾峰交流道　雾峰

驾　车
中山高彰化系统接"国道"3 号，雾峰交流道下，沿路标可抵

公共交通
1. 台中市搭乘 6523 路可经大里抵雾峰
2. 台中市搭乘 6255 路可抵雾峰
3. 台中市搭乘 6511 路可抵雾峰

加油站
五福加油站：台中市雾峰区中投西路二段 436 号
电话：(04) 2332-7095
万丰加油站：台中市雾峰区中正路 93 号
电话：(04) 2333-5077
全国树王加油站：台中市大里区树王路 50 之 10 至 15 号
电话：(04) 2407-7559
统一精工大里加油站：台中市雾峰区中兴路一段 294 号
电话：(04) 2496-7360

如何抵达

Day2 🚗

9:00 🎠

樟公巷休闲登山步道
攀登峰顶 膜拜百年老树

位于淳朴乡间郊区的樟公巷休闲登山步道，车辆甚少，空气相当清新，从凉亭景观处极目四望，可远眺九九峰，视野开阔。半山腰的樟公庙，是当地居民为这棵 200 多岁的老樟树所设的庙宇，从这里上行可到休闲步道，那里是当地人登山观景的好去处。

Data
地 台中市雾峰区樟公巷转上陡坡处

10:00 🎠

莱园
古色古香 庭园风光

雾峰林家花园的后花园莱园，是林家人当时在此听歌看表演、宴客饮酒的娱乐场所。莱园位于明台高中校园内，飞殇醉月亭旁小河缓缓流过，鸭子戏于池上，一派古色古香庭园风光。

Data
地 台中市雾峰区莱园路 91 号
电 (04)2339-3071
时 平日 7:00~18:00，周末 8:00~18:00

11:00 🍽️🎠

桐林观光休闲农园
果实累累 采果乐陶陶

桐林观光休闲农园设绿地露营烤肉场、游戏区、戏水池、住宿区，还有荔枝、杨桃、杧果、莲雾、龙眼、柚子等各式果园，从春季一直到 11 月，都可采摘品尝当季水果。农园内虫鸣鸟叫，悠闲安静，让游客体会不同于城市的生活情调。擅长烹饪的园主夫人常将园里的水果入菜，私房菜色令人垂涎。

Data
地 台中市雾峰区桐林村民生路八德巷 1 号
电 (04)2330-3213 提前预约
时 8:00~17:00，周一公休
费 门票全票 60 新台币，半票 30 新台币

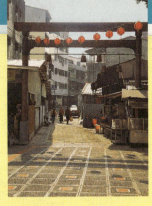

13:00
大里老街
赏玩古意建筑

大里古称大里杙，由于位居交通要道，因此开发得相当早，是台湾第六大街市。如今虽然荣景不再，但通过老街上残存的红砖建筑，仍能窥得昔日风华。大里老街目前成了市场，老旧的街屋以砖木结构建成，是早期建筑的特色。街屋骑楼下则是一字排开的菜肉摊，集结成日常市集，叫卖声此起彼伏，好不热闹。

Data
址 台中市大里区大里街上

大里咸菜巷

这里是早期咸菜生产的聚集地。先晾晒芥菜，再用一层芥菜、一层盐平均铺放堆高，最后搬来大石头压顶，让芥菜发酵，就成了风味绝佳的咸菜。

福兴宫

巍峨壮丽的福兴宫已有300年历史，原是以土砖、瓦盖成的三合院式庙宇，古色古香。1992年翻修改建后，雕龙塑凤，庙貌焕然一新。

七将军庙

七将军庙起源于清朝，相传派驻大里的六名军士被当地少数民族包围遇害，义犬也自尽殉主，地方人士将其合葬盖庙纪念。七将军灵迹甚多，据闻以求失物者最为灵验。

美方芋仔冰城

美方芋仔冰城经营30多年，其间很多名人相继来访，更使本店声名大噪。芋仔冰特选上等大甲芋头、纯糖等原料，不添加人工染料及甘味剂，口感绵密，许多旧友新知慕名而来，其制作过程甚至列入大里的小学教材。

Data
址 台中市大里区草湖中兴路一段93号
电 (04)2492-1027
时 夏天 7:30~22:00，冬天 8:30~20:30
费 芋仔冰 50 个 360 新台币，冰棒 20 支 370 新台币

15:00
四季人文餐饮空间
让艺术在生活中发光

秉持"艺术生活化"的理念，四季以大里难得一见的艺术气氛、宽敞用餐空间及便宜的西式美味赢得注目。大厅里的四个大型水族箱，以春夏秋冬四季为主题造景，呼应店名。每个月定期在店内举行各种读书会、音乐会，迎面而来扑鼻书香、悦耳乐音，爱好文艺的青年男女总爱在这里约会谈心。

Data
址 台中市大里区大明路 553 号
电 (04)2407-2288
时 10:00~24:00

太平

津悦疗程

Day1
久大生态休闲教育羊场→古农庄民俗文物馆→月光森林→高巢森活休闲农场

Day2
高巢森活休闲农场→仙女瀑布→云海香草艺术田园→磨仔墩简朴农场→元井 136 咖啡庄园

雪山支脉新兴旅游景点

　　雪山南段支脉有多条河流蜿蜒经过，它们赋予太平美丽的风光与奇特地形。这里不但有天然的岩壁洞穴，还有许多当地居民用心经营的美丽庄园。太平已成为近年来新兴的旅游胜地。

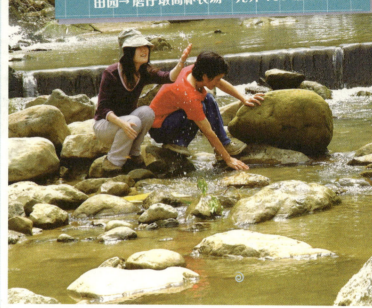

Day1

14:00

久大生态休闲教育羊场
可爱动物羊咩咩

　　这是全台湾第一座以羊为主题的农园，巴贝多山羊、澳洲绵羊等共 200 多只羊。园区内安排各种活动，包括介绍各种羊的品种、最受小朋友欢迎的挤羊奶、亲子体验 DIY 等，再品尝羊乳与各种羊乳制品，大人小孩都吃得津津有味。

Data
址　台中市太平区兴隆路 1 段 1 巷 30 号
电　(04)2273-3412，2279-8455
时　9:00~18:00

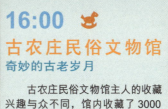

16:00 🎠

古农庄民俗文物馆

奇妙的古老岁月

　　古农庄民俗文物馆主人的收藏兴趣与众不同，馆内收藏了3000件各个年代的民俗文物和农家用具，包括挂有车牌的自行车、早期的三寸金莲鞋、梳妆台以及有钱人家的专用鞋拔等。其中最特别的是主人保留的1964年退伍时的最后一个馒头，还有"9·21"地震中倒塌的一江桥桥墩。走进古农庄，等于走进独特收藏家的奇妙世界。

Data
- 址 台中市太平区光兴路 1378 巷 38 号
- 电 (04)2270-5419
- 时 9:00~12:00，14:00~17:00，周一休馆
- 费 门票 50 新台币

18:00 🎠 🍴

月光森林

景观瑰丽 美食诱人

　　进门要走"感情路"，餐点是"你就是我的幸福"、"在爱情海中寻找爱情"——这就是太平酒桶山第一家进驻的景观休闲餐厅月光森林。餐厅海拔 720 米，半露天的开放式设计可观览海景、日落以及繁星。简单有创意的日式料理，分量超大，更有十余种香浓顺口的冰热咖啡，让喜欢咖啡的游客的味蕾彻底满足。

Data
- 址 台中市太平区山田路长青巷 26 号
- 电 (04)2278-9520
- 时 平日 11:00~21:30，假日 10:30~21:30
- 费 成人最低消费 100 新台币

太平嬉游地图

如何抵达

驾 车
"国道"1号中港交流道下，接台 12 线转 136 线道，沿路标即可抵达

公共交通
台铁至丰原市，转搭丰原客运 225 路抵太平区

加油站
台亚宜欣加油站：台中市太平区树孝路 6 号
电话：(04) 2391-1834
全国太平加油站：台中市太平区中山路四段 20 号
电话：(04) 2395-7332

19:00

高巢森活休闲农场
原木中的山居岁月

　　来到高巢森活，映入眼帘的是一大片绿油油的草地，这是周末下午专为乐队现场表演的场所。主人是位室内设计高手，以暖色原木打造景观平台，营造出轻松写意的度假氛围。它位处酒桶山的制高点，优美的景致从早到晚都在高巢上演。这里全天供应精致咖啡饮品及养生菜品，让游客体验山居生活的美好岁月。

Data
址 台中市太平区山田路 218 号
电 (04)2278-4321
时 11:00~20:00
费 多人房每人 1500 新台币，最多可住 10 人；双人套房 3000 新台币
网 www.mountain-retreat.com.tw
注 禁止携带宠物，创意料理需提前两日预约

Day2

9:00

仙女瀑布
白绢流泻　景致清新

　　仙女瀑布是头汴坑溪上游左右支流的汇流点，远远望去就像是一位身穿白衣的仙子在山谷间轻盈行走。若顺流而下，有潭水可供嬉戏，游客置身于翠绿层峰间，伴着潺潺水声，既有悠闲的情调，又能沐浴在丰沛负离子水幕下，绿水、奇石、层峦，浑然天成的美景，令人心醉不已。

Data
交 头汴坑中埔 5 号桥前左转茅埔产业道路，往酒桶山方向车行约 50 米

11:00

云海香草艺术田园
香草佐餐食指大动

　　云海香草艺术田园的主人原本只为退休而买地，却意外接触到香草植物，进而展开香草餐厅的事业。店内以布农族的石头、旧木板、水泥装潢。晨昏时刻，自山谷升起的雾霭常形成梦幻般云海，花园也以此特色命名。

Data
址 台中市太平区山田路大湖巷 37 号（头汴坑蝙蝠洞风景区内）
电 (04)2277-1322
时 10:00~18:00，周一公休

　　除了一般意式菜肴，主人推出强调高纤、养生与美容的健康法式蔬食，食材新鲜。坐在餐厅户外的回廊中用餐，美食美景相得益彰，让人心情顿时舒畅起来。

13:00 🎠

磨仔墩简朴农场

乐活体验 返璞归真

　　磨仔墩是一座配合当地自然生态建造的景观农场，学景观设计出身的主人马先生亲手打造一砖一瓦，让这里保留着翠绿晶亮的草坪，还有充满乡下淳朴气息的土角厝。坐在露天座位区，还可望见静静流淌的头汴坑溪，让人能感受到那份与大自然和谐共存的美好。

Data

- 址 台中市太平区山田路长龙路二段 242 号
- 电 (04)2273-9387
- 时 周一至周四 10:00～20:00，周五至周日 9:00～22:00，周二公休

15:00 🎠☕

元井 136 咖啡庄园

金牌咖啡名不虚传

　　多年前，庄园主人请专人评估当地土质、水质、日照光线后，大胆地将原来的香蕉树和槟榔树移除，改种一万多株的阿拉比卡 (Arabica) 咖啡树，采收后的咖啡豆以中浅至中度烘焙，口感柔顺滑溜，甘、酸、苦味和谐均衡，还曾获得 2007 年云林县台湾精品咖啡豆评鉴的头等奖。咖啡产季在 8 月到 12 月，1 月拜访庄园，恰好可以喝到当年最新鲜的咖啡。

Data

- 址 台中市太平区长龙路四段 135 巷 17 号
- 电 (04)2270-6668
- 时 平日 11:00～18:30，假日 9:30～18:30
- 费 咖啡 80 新台币起，点心 40 新台币起
- 网 136.com.tw

菖桦台湾日本冰

古早味枝仔冰变脸装可爱

　　第二代接手之后，将台式古早味枝仔冰发扬光大，他采用传统严谨手工，辅以日本亲家传授的日式麻糬手打技术，融入新创意，研发出棒棒糖、甜甜圈、迷你棒棒冰、牛轧糖冰砖等多种小吃，并且全部可以送货到家，于是造就了媒体争相报道、口耳相传的网购奇迹。

Data

- 址 台中市太平区新福东路 109 号
- 电 0922-330-929
- 时 8:00～12:00，13:00～17:00
- 网 www.taiwanjpice.com.tw

谷关

享受森林浴与温泉乐趣

谷关是位于台中市进入中横的隘口，山林绿意由此绵延而上，这里不仅因为温泉水热而闻名，更因其浑然天成的美景，吸引游客不断前来。不论是走进森林吸取芬多精，还是泡温泉舒畅身心，谷关绝对是不二选择。

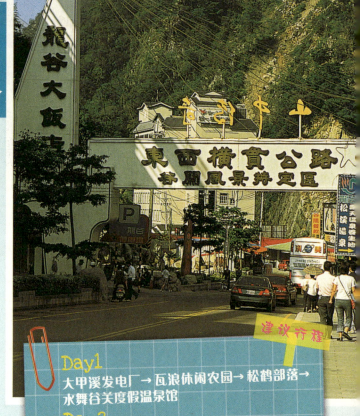

建议行程

Day1
大甲溪发电厂→瓦浪休闲农园→松鹤部落→水舞谷关度假温泉馆

Day2
水舞谷关度假温泉馆→谷关吊桥→八仙山森林游乐区→纽西兰农场→神木谷假期大饭店

Day1

14:00
大甲溪发电厂
品清凉冰品

大甲溪河床陡、高低落差大，水力资源丰富，沿途设有德基、青山、谷关、天轮等发电厂，近来，电厂出产的冰品广受好评，如大甲溪发电厂员工消费合作社出售的白冷冰棒，有清冰、巧克力、花生、百香果、酸梅、草莓等口味，便宜又好吃。

Data
址 台中市和平区东关路 91 号
电 (04)2594-3615
时 平日 8:00~17:00，假日 8:00~18:00
费 各式枝仔冰 6 新台币起，五叶松冰棒 10 新台币

16:00

瓦浪休闲农园
散步到山中咖啡座

Data
址 台中市和平区博爱村上谷关台电巷 124-5 号
电 (04)2595-1263
时 周一至周六 10:00 开始，周日公休

瓦浪休闲农园餐厅具有少数民族风味的布置，全部都是由老板罗金国亲自安排，如果仔细观察，可看到许多材料都是邻近的台电发电厂废弃物再生利用。从瓦浪休闲农园可俯瞰整个谷关地区，前景有东毛山、大雪山，后面则为新山、八仙山，一早来此观赏山中景致，再品一杯香醇的咖啡，真是人生一大享受。

这里的植物相当丰富，秋天可赏枫，初春还有台湾山樱，穿越由榉木所构成的黑森林，可以走到八仙溪，不过这条路较长，需有当地人带领。

18:00

松鹤部落
泰雅人的故乡

Data
松鹤社区发展协会
址 台中市和平区博爱村东关路一段
松鹤 2 巷 1-2 号 2 楼
电 (04)2594-3467

松鹤部落原名"德芙兰"，泰雅语意为"水源丰富、土地肥沃的地方"，日本侵占时期称"久良栖"，音译"古拉斯"。五叶松是这里的代表性植物，加上大甲溪床吸引许多白鹭鸶前来觅食，于是有了"松鹤"之名。

松鹤部落还保留着一整排原林务局作为员工宿舍的桧木板屋，是日本侵占时期台湾三大林场之一的八仙山林场的历史见证。

谷关嬉游地图

N

和平区
谷关
白冷
瓦浪休闲农园
大甲溪发电厂
松鹤社区发展协会
谷关祈愿猪
谷关吊桥
神木谷假期大饭店
水舞谷关度假温泉馆
纽西兰农场
八仙山森林游乐区
仁爱乡

如何抵达

驾　车
从台中系统交流道接"国道"4 号，在终点接 3 号省道进入东势，接 8 号省道从天冷前往松鹤、谷关

公共交通
1. 搭乘台铁至丰原区，转搭丰原客运 207 路抵谷关
2. 台中转搭客运至东势，再转搭丰原客运 6572 路抵谷关

加油站
台湾中油：台中市和平区东关路三段 5 号
电话：(04)2594-1891

20:00 🏠

水舞谷关度假温泉馆
高品位温泉享受

　　水舞谷关以低调奢华的建材质感勾勒出独特风格，巧妙融合欧式、日式与南洋风格于建筑中。馆内有三种温泉空间可选择，一是以热带植栽及特殊石雕打造的大众温泉池，一是备有简易休息床的单纯温泉屋，另一则是提供住宿的客房，全馆客房都设有独立温泉池，随时可独享纯正的温泉水。

Data
📍 台中市和平区东关路一段 115 号　📞 (04)2595-0099
🌐 www.swmall.com.tw/web/kukuan/
💰 住宿 5600~10600 新台币，平日 7 折

Day2

9:00 🐴

谷关吊桥
古老地标

　　中横公路尚未开发前，谷关吊桥就是当地连接外界的重要通道，现已成为谷关著名地标。吊桥位于谷关大饭店旁边，通过吊桥可前往神木谷、明治、皇家木屋等温泉饭店。谷关地区的吊桥其实不只一座，邮局附近也有一座老吊桥，名为捎来吊桥，为纪念一位泰雅人酋长而得此名称。

Data
📍 进入谷关风景区牌楼，在谷关大饭店旁即可见谷关吊桥

谷关祈愿猪

　　谷关除了"生男泉"，还有一头神猪会送子！神猪体态纤瘦、造型可爱，据说只要摸摸神猪猪鼻就可如愿生男孩。神猪所在的露台是居高临下观赏谷关风景的好地方，距离神猪不远有一棵千年五叶松，高约 36 米，需六个人才能环抱，是当地人的精神象征。

Data
📍 谷关吊桥对岸，沿明治旅社而上，步行数分钟可抵

10:00 🎠

八仙山森林游乐区
参天古木 风鸟相闻

　　中部重要赏鸟地点八仙山，紧邻温泉圣地谷关，过去和阿里山、太平山合称台湾三大林场。从游客中心开始，沿森林步道往上走为一条环状步道，步行约 1 小时，沿途可见清澈的十文溪、佳保溪，溪中苦花、溪哥成群在此悠游。而山内林木参天，有杉木、红桧、扁柏、枫香、松树等，还有比起溪头竹林毫不逊色的孟宗竹林，林荫蔽天，炎夏漫步其间仍觉得清凉舒适。只要稍微留心，就会看到许多在中海拔地区生存的珍稀鸟类，如白耳画眉、冠羽画眉、台湾蓝鹊等。

Data
地 台中市和平区东关路一段平仙巷 22 号
电 游客中心 (04)2595-1214
费 门票全票平日 100 新台币，假日 150 新台币，半票 75 新台币
网 tsfs.forest.gov.tw
注 前往八仙山森林游乐区沿路碎石、巨石遍布，路况不佳，建议游客前往最好驾驶底盘较高的车进入，行前最好先打电话咨询路况

12:00 🍽🎠

纽西兰农场
品尝全羊风味餐

　　主人看上了此地纯净的环境和水质，于是便在此经营农场。农场内饲养努比亚品种的羊，没有污染的绿色草原，让羊群没有羊膻味，吃了滋补养生。除了观赏羊群，餐厅供应的全羊风味餐更别错过，包括烧酒羊肉火锅、羊蹄、羊肚、蜜汁羊排、羊油面线等，主人以面粉、柠檬、色拉油混合，搓去羊肉外膜和膻味，用料实在，也让人吃得放心。

Data
地 台中市和平区东关路一段松鹤 3 巷 80~1 号
电 (04)2595-0191

14:00 🎠☕

神木谷假期大饭店
来杯山中下午茶

　　在此除了享受桧木汤外，还能顺道欣赏千年五叶松神木和姻缘猪。据说只要情侣常来这里摸摸姻缘猪的鼻子，即可共结连理，或是喝下从它嘴巴滴出的水就可以生儿子。另外，来到神木谷一定要尝尝饭店招牌的五叶松汁，完全现点现打，加上柠檬、蜂蜜去涩味，是最自然的养生饮品，泡温泉后来上一杯，不仅能补充水分，且含有丰富的维生素 A 和维生素 C，可以预防高血压，促进新陈代谢。五叶松汁除了被当作养生的饮品外，加入温泉中便成了神木谷最独具特色的"绿色温泉"，带点淡淡的草香，泡上一会儿令人身心舒畅！

Data
地 台中市和平区东关路一段温泉巷 7 号
电 (04)2595-1511
费 大众温泉大人 200 新台币，小孩 150 新台币；桧木温泉池 2 小时 1000 新台币

梨山

缤纷的现代桃花源

　　梨山地区拥有四季美景，堪称现代桃花源：春末时节，高山野花齐放，总将山头簇拥得缤纷多彩；秋冬枫红白梅遍野，很适合来一趟高山赏花品美食之旅。

Day1

Day1
环山部落→美音农场→飞燕城堡度假饭店
Day2
飞燕城堡度假饭店→梨山游客中心·生态步道→仁友平价小馆→福寿山农场→梨山文物陈列馆

14:00

环山部落
体验泰雅村落生态

　　环山部落被雪山山脉及中央山脉环绕，早年泰雅人过着狩猎、种植小米的山林生活，中横开通后引进温带水果，才改变他们的生计来源。近年来，部落有计划地进行整体社区改造，最显著的成果莫过于沿溪修筑的护渔步道，它全长约2公里，可探寻溪中特有鱼类的踪迹。

Data
地 台中市和平区平等里
注 生态之行导览或参观泰雅文物馆，可电洽梨山游客中心 (04)2598-1331，或手机 0937-773-768 联络张有文预约

16:00

美音农场
饱食新鲜山居美味

　　在果园遍布的梨山，美音农场是少数集采果、用餐、住宿于一体的复合式观光农园。除了尽享水果，这里供应的当地山风味菜肴也很值得一尝，菜色中的鳟鱼、放山鸡等都是农园自养，而为了讲究新鲜，大都是订餐后才现杀烹制，所以最好事先预约。

Data
- 址 台中市和平区梨山里龄恩路 19 号
- 电 (04)2598-9356, 0935-364-166（用餐请先预约）
- 费 晚餐六菜一汤 1600 新台币起，请事先预订

梨山嬉游地图

和平区

环山部落

7甲

美音农场　梨山
仁友平价小馆
梨山游客中心
福寿山农场

飞燕城堡度假饭店
梨山文物陈列馆

8

8

仁爱乡

N

如何抵达

驾　车
1. "国道" 1 号由台中系统交流道下，接"国道" 4 号转台 3 线和台 8 线，行至天冷地区转台 21 线至埔里，续行台 14 线接台 14 甲线往合欢山方向行驶，至大禹岭左转可抵
2. "国道" 5 号（北宜高速公路），过雪山隧道至头城交流道下，转走 2 号省道至壮围再转走台 7 线经宜兰市至大同乡，转台 7 甲线续行可抵

公共交通
1. 丰原客运 6506 路可至梨山
2. 至宜兰罗东搭乘往梨山的客运可抵

加油站
台湾中油：台中市清水区东山路 141 号
电话：(04)2620-3281

17:00

飞燕城堡度假饭店
入住气派典雅美宿

飞燕城堡度假饭店原名"圣心饭店"，十年前一群高山短尾燕飞到饭店外墙筑巢后始终没有离去，主人为了感念这段缘分，于是将饭店改为现名。饭店外观有如中古世纪古堡，八层楼的内部结构也比照城堡建筑，以厚重石砖与朴实原木营造出典雅沉稳的氛围。

Data
址 台中市和平区梨山里民族街 46 号
电 (04)2598-9577
时 入住 14:00，退房 12:00
费 双人套房平日 1880~3800 新台币，假日 2580~4600 新台币；
四人套房平日 2980~5900 新台币，假日 3780~7300 新台币
网 www.sunshine-hotel.com.tw

9:00

梨山游客中心·生态步道
登高漫步观景赏鸟

梨山游客中心位于梨山宾馆左侧，红瓦中式建筑十分别致。中心内提供周遭旅游景点资讯、交通状况咨询等服务。游客中心后方的生态步道过去是蒋介石夫妇的散步场所，沿途有数个赏景平台，参照解说牌可了解梨山丰富的动植物。

Data
址 台中市和平区梨山里中正路 95 号
交 沿 8 号省道往回走约 300 米可见路标
电 (04)2598-1331
时 9:00~17:00

11:00

仁友平价小馆

老板本为果农，对高山蔬果了如指掌。只要事先预约，蜜苹果派、高丽菜料理、入口即化的甜雪梨猪脚等，都可以从厨房里变出来。

Data
址 台中市和平区梨山里中正路 67 号
电 (04)2598-0568，0937-773-777
时 10:30~21:30

12:00 🟠 🍴 🐴

福寿山农场
探看缤纷高山野花

福寿山农场海拔 1800 ~ 2580 米，坐拥合欢山与雪山群峰美景，5 月花朵盛开，美不胜收。要想玩得尽兴，建议依照农场规划的三大板块游览。距离最近的场部——鸳鸯湖步道有白、红、粉红的苹果树花海，再往前到茶厂，可逛逛森林步道、观赏茶园明媚风光；体力好的游客可别错过单程需两三小时的天池一露营区，在经过观海亭、观星亭后，便会来到美丽的蓝茵湖步道，此时猫耳叶菊、高山白珠树、轮叶沙蔘等高山花卉盛开，嫩黄、粉紫、雪白交织成花毯围绕着碧蓝湖面，让人舍不得移开目光。

Data

🏠 台中市和平区梨山里福寿路 29 号
📞 (04)2598-9202，(04)2598-9205
💰 全票平日 70 新台币，假日 50 新台币；半票平假日皆 35 新台币
🌐 www.fushoushan.com.tw

达观亭

达观亭是蒋介石夫妇的避暑小屋，从二楼可眺望到由八座大山环绕的天池，即风水中所谓的"莲花盛开"之景。

福寿山茶

高海拔福寿山出产的茶叶茶色翠绿、入喉回甘滋润，由于品质绝佳，每到产季总被抢购一空。除了茶叶，也有袋装立体茶包可供选择。

苹果干

梨山盛产苹果，果农特选北斗、富士等品种的新鲜苹果，使用植物油炸成果干，入口香脆甜蜜，滋味绝佳。

15:00 🐴

梨山文物陈列馆
缅怀中横建史人文

梨山文物陈列馆有绝佳的视野，可将雪山、武陵四秀、大小剑山、大小雪山的壮阔气势尽收眼底。一楼的横贯公路开发史纪念馆展示开拓工程相关史料；二楼的泰雅文物展示馆则将聚居此地的泰雅族文化做了系统的介绍。

Data

🏠 台中市和平区梨山里福寿路 14 号
🚗 沿福寿路往回走可抵
📞 (04)2598-0705
🕐 8:30~17:30

Part 3

南　投

避暑胜地赏花品茶
90 鹿谷·竹山

南投地图

踏上小半天瀑布步道
94 鹿谷

怀旧小镇风情
98 集集·水里

纵情莓园舒泡温泉
102 国姓

湖光山色全新视野
106 日月潭

手工红茶果香四溢
110 鱼池

　　南投位处台湾中心，也是唯一不临海的县。地理上南投分为平地与山地两部分。平地包括草屯、竹山、集集与名间乡，其余皆位于山区。山水如画的日月潭、有着天下第一泉美称的庐山、山居小城埔里、浪漫欧风的清境、层峦叠翠的溪头、奥万大等，都让南投染上一层灵秀的气质，使人流连忘返。

农场庆典体验摆夷风情
134 清境·合欢山

花

莲

县

拥有天下第一泉之美称
130 雾社·庐山

尽享采摘温泉乐趣
126 信义·东埔

梅香滋味隽永难忘
122 信义

山城潭畔饮玫瑰酒
114 埔里

静谧的山林之美
118 埔里·奥万大

鹿谷·竹山

避暑胜地赏花品茶

溪头至杉林溪森林游乐区蕴含丰富的动植物生态,最适合登山健身,尽情享受森林浴、吸收芬多精。夏季还有艳丽迷人的大花曼陀罗绽放,来此赏花还可品尝茶笋餐与番薯料理,体验茶与竹文化之美。

Day1
台大溪头森林游乐区→芳仕璐昂琉璃艺术馆→鹿谷观光农园→溪头米提大饭店

Day2
溪头米提大饭店→杉林溪森林游乐区→金竹味餐厅→大石公

建议行程

13:00

台大溪头森林游乐区
仲夏时节森林音乐会

6月是溪头最美的时节,不论前往大学池还是神木,在各式造型的凉亭下歇歇脚,可发现不同的乐趣。离地22米高的空中走廊,可让游客体验树冠层丰富生态。而林间的虫鸣鸟叫更是一场精彩的仲夏夜音乐会。清晨遍地开放的曼陀罗花,到午后花瓣便慢慢合上呈甜筒状,别有一番闭月羞花的姿态。

Data
地 南投县鹿谷乡内湖村森林巷9号
电 (049)261-2210
时 7:00~17:00
网 homepage.ntu.edu.tw/~exfo/newchi-tou/
费 全票200新台币,优惠票150新台币;团体导览20人以上请事先预约

台大溪头探索森林

台大溪头探索森林于2007年7月底开放,是台大溪头与宝成建设共同规划的生态创意园区,入口有三条路可选,可分别追寻两栖、鸟类、昆虫在森林出没的踪迹,不同动物出没的地方还设有1:1陶瓷模型与足迹拓印,让游客深入了解溪头的特有植被与动物。

16:00

芳仕璐昂琉璃艺术馆
夫妻共同创作的艺术之家

　　男主人与画家太太以镶嵌、窑烧技法，让这里的门窗、楼梯、灯具、吧台展现出玻璃的明亮清澈和多变。预约来此参观，主人会请客人喝杯香醇的咖啡，与游客分享镶嵌玻璃工艺的心得，而独一无二的琉璃项链更是绝佳的纪念品。

Data
- 地 南投县竹山镇大礼路 18 号　电 (049)2659-807，0916-067-088
- 时 9:00~17:00　费 琉璃项链 980 新台币起

18:00

鹿谷观光农园
满竹全餐地道好口味

Data
- 地 南投县竹山镇大礼路 181 号
- 电 (049) 2753-812
- 网 lugu.nantou.com.tw
- 时 9:00~22:00
- 费 茶笋套餐六人份 680 新台币

　　鹿谷观光农园的主人以前曾在职棒兄弟象队任职，回乡后以竹材打造出颇具地方特色的竹管厝，除了竹艺 DIY 活动，还开发出 40 余种美味可口的茶食点心。最受游客欢迎的茶笋套餐有五菜一汤，包括香米笋饭、茶香刺葱烘蛋、茶香三杯鸡、竹笋爌肉、竹笋排骨汤及有机蔬菜。

如何抵达

鹿谷·竹山嬉游地图

驾　　车

"国道" 3 号竹山交流道下右转，往溪头方向沿台 3 线、保甲路接投 151 线续行沿路标可抵

公共交通

坐台铁抵达台中站后，在台中火车站正对面可搭乘台中客运直达：
1. "台中—鹿谷、溪头、杉林溪"，每日两班，发车时间：06:45、13:00
2. "杉林溪—台中"，每日两班，发车时间：10:00、16:00
3. "溪头—台中"，每日两班，发车时间：10:40、16:40

加油站

福懋竹山站加油站：南投县竹山镇集山路三段 393 号
电话: (049)265-7848
竹山站加油站：南投县竹山镇竹山里集山路三段 884 号
电话: (049) 261-2126
延平加油站：南投县竹山镇东乡路 8 号之 12
电话: (049) 265-5518

20:00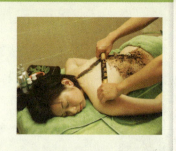

溪头米堤大饭店
负离子环抱宫廷饭店

溪头米堤大饭店坐落于海拔一千多米的高山上，终年气候舒爽，风景优美，因而特别以法国东南部优雅的米堤区（MIDI）命名。这座青翠竹林间的梦幻城堡为新古典主义风格，从大厅到房间，每个角落都浪漫典雅。饭店还有SPA馆、三温暖、紫檀木泳池、能量温泉等休憩设施，并与秀传医院合作，提供医学美容以及健康检查等服务。

Data
🏠 南投县鹿谷乡内湖村米堤街1号　📞 (049)261-2222
🌐 www.lemidi-hotel.com.tw　⏰ 入住 15:00，退房 12:00
🎫 特惠方案每人 3890 新台币

9:00 🐴

杉林溪森林游乐区
步道野花恣意开放

杉林溪终年云雾缭绕，景观变幻无常，园区积极加强深度生态解说服务，让游客可以跟着导游人员，白天造访各个步道，晚上欣赏星光灿烂与夜间生态。另外，漫步森林、呼吸芬多精后，可到园区餐厅品尝当季食材风味缮宴，身心口腹皆得到极大的满足。

Data
🏠 南投县竹山镇大鞍里溪山路6号
📞 (049)261-1217，(049)261-1218
⏰ 入园、住宿 24 小时开放，游园车平日 7:30~16:20，假日 7:30~17:40；餐厅 11:00~14:00，17:00~20:00
🌐 www.sunlinksea.com.tw
🎫 全票 200 新台币，优惠票 150 新台币；游园车单程全票 40 新台币，半票 20 新台币

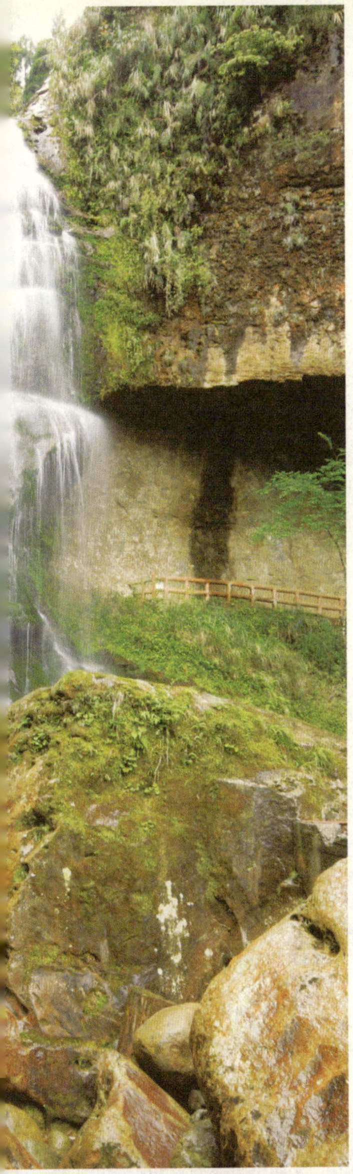

12:00

金竹味餐厅

好吃好玩点心 DIY

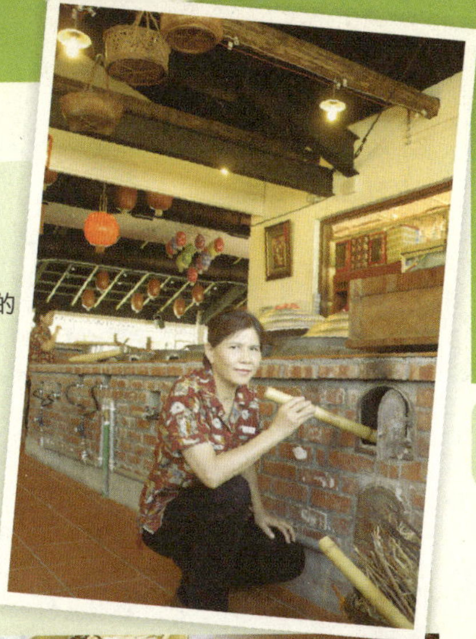

金竹味餐厅挂满了竹山当地的竹灯笼，店内呈现老阿嬷时期的厨房样貌，许多人还专程前来参观。而竹山、鹿谷沿线特产在主厨的巧思妙手下，变成一道道引人垂涎的佳肴，绍兴咸猪肉炒山芹、竹炭馒头、金黄番薯竹笋包、养生冰烤地瓜、金沙玉笋，都是非尝不可的经典菜色。另外，这里还提供地瓜及竹炭点心 DIY，10 人以上预约就能享受自己动手做的乐趣，口感弹软香甜的汤圆入口，幸福满满。

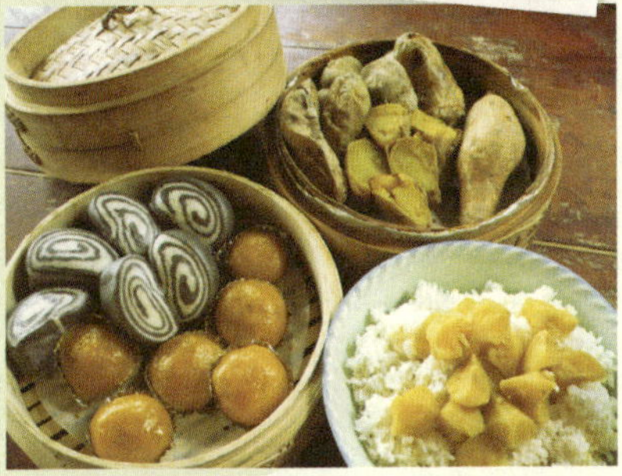

Data

址 南投县竹山镇集山路二段 400 号
电 (049)262-2289
时 10:00~14:00，16:30~21:00
费 点心 DIY100 新台币起

14:00

大石公

祈求庇佑

Data

交 “国道”3 号竹山交流道下右转，保甲路接投 151 线续行至鹿谷，往溪头方向，距交流道 18 公里处接投 55 线、爱乡路旁约 1 公里可抵

矗立在和雅村深坑庄的投 55 线路旁的大石公，体积庞大、布满红色的青苔，沿着小阶梯拾级而上，一到大石公时赫然看到“请鞠躬”告示牌，原来石块入口高仅 1 米多，必须弯腰有如鞠躬才能避免碰撞。石块与地表连接处则有一股清澈泉水汩汩而流，这里设置有祈愿卡、许愿池，竹架上则挂满游客许下的愿望。

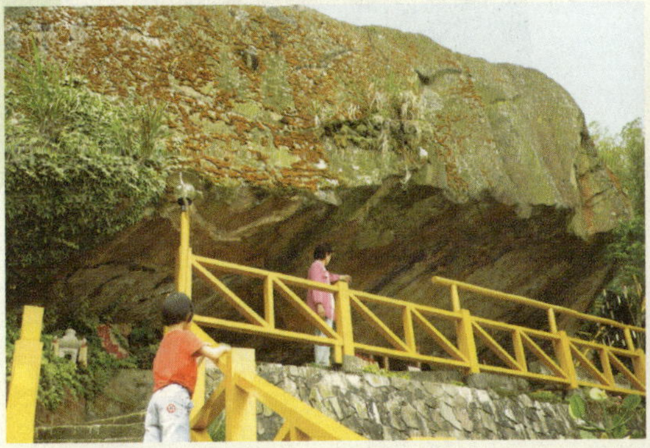

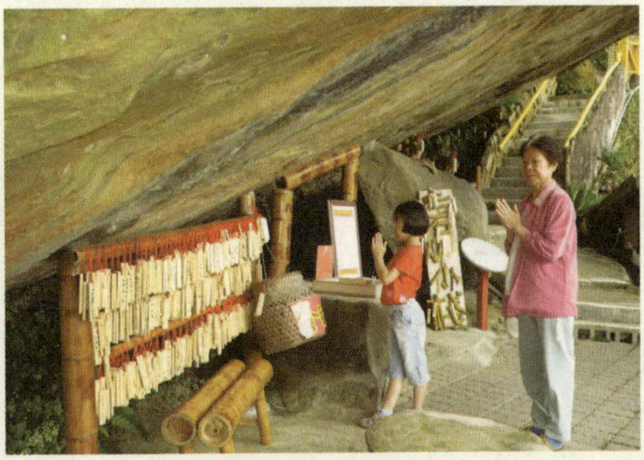

鹿谷

建议行程

Day1
小半天瀑布步道→德兴瀑布→樱花岭度假山庄
Day2
樱花岭度假山庄→水哮瀑布→掌柜民宿→小半天孟宗竹绿色隧道→小半天咖啡馆

踏上小半天瀑布步道

被氤氲水汽、秀丽绿荫萦绕的南投鹿谷小半天有着竹林、茶园、清溪、飞瀑，曾获选为台湾最美丽的社区，所幸名气远远不如邻近的旅游胜地溪头、杉林溪，让这处世外桃源还荡漾着宁静之美。除了当地风情，秀外慧中是她最迷人的气质！

Day1

14:00

小半天瀑布步道
寻幽访胜 世外桃源

"9·21"地震后，台湾当局重建小半天瀑布步道，让这处隐匿深山，昔日难以抵达的世外桃源得以重见天日。寻访当地人口中拥有"天河倒悬"气势的小半天瀑布，颇有唐代诗人贾岛的《寻隐者不遇》诗句"只在此山中，云深不知处"的感觉。

由于终年云雾缭绕，加上林荫遮蔽，让这条通往深谷底著名飞瀑的步道，有一小部分青苔遍布，湿滑难行，不过大部分仍是轻松好走的石级。

Data
址 南投县鹿谷乡竹林村

16:00 🎠

德兴瀑布
天然冷潭戏水烤肉

从小半天旅游中心至德兴瀑布约 4.5 公里，完全不用爬山爬楼梯，只消开车就可抵达。总高约 50 米的德兴瀑布分成上、下两层，由侧边步道可轻松步行至上层观瀑。第二层瀑布的水潭较浅，总是吸引出游的家庭来此戏水玩耍和烤肉。瀑布、水潭、溪水、林荫齐备，像是全天候免费供应的天然冷气，在此戏水、烤肉非常惬意。

Data
📍 南投县鹿谷乡竹林村

清溪凉点

小半天瀑布步道一路以石级串联，沿途山林空幽、溪谷壮美，遍布林木花草、苔藓蕨类和各种附生植物；幸运的话，还可邂逅猴子。从高处的步道入口下切至终点的瀑布，行至半路即可听见飞瀑轰隆作响，直抵瀑布深潭，清凉水雾飘洒全身，瞬间暑气尽消！

18:00 🍽 🏠

樱花岭度假山庄
爱恋山城慢活人生

以桧木和南方杉打造的樱花岭度假山庄的典雅小木屋坐落于一片清幽山林间，一楼的大厅和一旁独立的餐厅以大片落地窗引进山城的自然绿意和日光，整座山庄流露出悠闲的度假氛围。栽满樱树和各色花草的庭院设有露天咖啡座，而楼上住房区也特设半露天的凉亭供房客聊天、泡茶、喝咖啡。蝉鸣、鸟叫是这里最棒的交响乐，入夜后沁凉的气温就算不开空调，打开窗户就可享受天然冷气。

Data
📍 南投县鹿谷乡竹林村田头巷 25 之 3-2 号
📞 (049)267-7370
🕐 入住 15:00，退房 11:00
🌐 www.sakuravilla.com.tw
💰 双人房平日 2800 新台币，假日 3600 新台币

如何抵达

驾　车
"国道" 3 号竹山交流道下右转，往溪头方向沿台 3 线、保甲路接投 151 线续行沿路标可抵

公共交通
坐台铁抵达台中站后，在台中火车站正对面可搭乘台中客运每 30 分钟一班的"台中—竹山"直达班车，在竹山"延平站"下车，下车后在对面 7-11 公车站牌转搭"员林客运"，便可前往鹿谷

加油站
鹿谷站加油站：南投县鹿谷乡中正路二段 137 号
电话：(049) 275-2874
溪头站加油站：南投县鹿谷乡兴产路 4-5 号
电话：(049) 261-2126

鹿谷嬉游地图

Day2

9:00

水哮瀑布
新景登场 轻松好走

　　小半天推出的新景点水哮瀑布虽然气势不及小半天瀑布，但十分轻松好走，单趟步行只需8分钟。走在铺设完善的木栈、石板阶梯上，沿路尽是清溪和茂盛林木相随、各种蝴蝶、昆虫飞跃其间。水哮瀑布高约50米，瀑布旁设有凉亭，可在此休憩并畅享负离子的清新洗礼。瀑布下方的深潭里可见溪鱼自在悠游，偶有飞鸟纵横飞瀑，让炎夏更显清凉！

Data
　地 南投县鹿谷乡竹丰村

11:00

掌柜民宿
野菜料理 风味特餐

　　经过一片秀丽浪漫的竹林隧道，来到当地人强力推荐的掌柜民宿，这里纯净、清幽。这里不只提供住宿，更有媲美五星级饭店的超美味风味餐点！陈老板是返乡创业的青年，昔日在台北五花饭店当厨师，回乡继承祖业种茶，更因志趣所在，开了这间餐厅和民宿。在此除了可以大啖以当地特产入菜的佳肴，细品杉林溪茶，还可以以产地价把好茶买回家。

好茶好景好美味

　　掌柜民宿有副对联："掌抚翠林观幽竹，柜藏百馔味馨香"，说明这里有美景和美味。店里人气菜肴有竹香锅巴饭（150新台币／小份）、酥炸竹根（180新台币／小份）、凉拌山蕨（120新台币／小份），不吃可惜！吃完后，还可买产自杉林溪的春茶（2000~2500新台币／斤）和新研发的冻顶乌龙茶饼（一块10两，1500新台币）当礼物哦！

Data
　地 南投县鹿谷乡和雅村爱乡路 39-46 号
　电 (049)275-0282
　时 11:00~20:30（餐厅）
　网 www.boss.let.tw

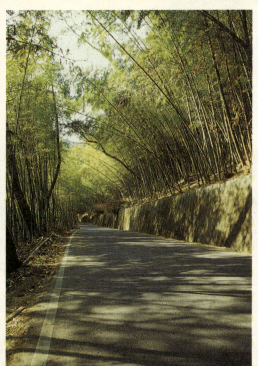

13:00 🐴
小半天孟宗竹绿色隧道
翠竹成行摇曳生姿

鹿谷是著名的孟宗竹种植地，竹林风光自然成为代表性景点，其中以小半天投 55 线爱国路往溪头、杉林溪方向的竹林隧道最美，道路两旁笔直的竹林茂密成行，阳光自竹林间洒落，意境幽雅。

Data
📍 南投县鹿谷乡爱乡路

小半天竹艺工坊

为推广地方文化并重振"9·21"大地震的灾区，小半天社区的妈妈们参加竹编培训，利用工作或农忙空当进行编织。也有课程教导游客 DIY 简单实用的糖果盒、竹灯笼、竹风车、花器、吊饰等。由于编织老师由社区妈妈兼任，因此工坊只在周六、周日开放，平日若想前来需打电话询问预约。

Data
📍 南投县鹿谷乡光复路 174-6 号 3 楼
📞 0938-676-700（刘雅惠），0928-676-186（陈美雀），0928-923-840（魏淑贞）
🕐 DIY 教学周六至周日 9:00~21:00，周一至周五请电话咨询

15:00 ☕
小半天咖啡馆
悠然山城细腻品味

在茶乡鹿谷随处可买到价钱公道、品质优良的茶叶，更可品尝当季鲜美肥嫩的竹笋。小半天咖啡馆的主人——勇于突破传统的林老板是个回乡创业的青年，也是将咖啡移植到小半天的第一人，他前后花了 5 年时间研究栽种，终于让咖啡香飘散小半天。这里的咖啡味道香醇浓郁，搭配自制的手工饼干和冰激凌，让游客在山林环绕下静静细品山城味道。

Data
📍 南投县鹿谷乡竹林村光复路 172-15 号
📞 (049)267-7382
🕐 10:00~22:00
🌐 www.coffee.let.tw

集集·水里

怀旧小镇风情

集集拥有一种小镇特有的风情，那是由怀旧车站、传统民艺、自然的山光水色，以及特色民宿所构成的氛围，相当适合闲散漫步，或骑车一游。

Day1

建议行程

Day1
和平快乐田园→绿色隧道→添兴窑→虫二雅舍

Day2
虫二雅舍→集集老火车站→董家肉圆→明潭水库

14:00
和平快乐田园
穿梭山林体验四季之美

和平社区位于集集大樟树与大众爷祠旁，是镇内社区再造计划中相当成功的一处，集结社区志工共同努力，使得这片社区除了老树庙宇，还拥有花海花园、鱼池、自行车道、公园凉亭等景观，深具观光休憩价值。游客可在快乐田园里欣赏轮番种植的向日葵与波斯菊花海，田园入口设有投币箱，由游客自由捐款，作为维护清洁费。沿木栈道进入花园赏花，园中有水车、咖啡屋、稻草屋增添花园特色。花园外的鱼池中有鲤鱼悠游，这里是社区小朋友下课后最喜爱聚集的地方。入口处的老樟树已有 700 多岁，树高 30 米，当地人奉称为"樟树公"，是集集镇民祭拜的地点。

Data
⊕ 南投县集集镇和平街与成功路交叉口

16:00 🐴

绿色隧道
沁凉绿意景观公路

台16线上，绵延4.5公里的60年老樟树公路就是知名的绿色隧道。公路两旁树的枝丫遮天蔽日，人车行走其中，仿佛进入绿荫隧道般清爽惬意，加上路旁平行的集集支线小火车轻快驶过，画面相当优美。由于这条兜风公路景致宜人，不少广告或中部地区的新人会专程来此取景。近年骑车旅游蔚然成风，这段景观绝佳的公路也成为骑车族喜爱的景点之一。无论日间悠游绿林廊道，还是夜晚在林间欣赏星星般闪烁的灯火，都是很好的选择。

Data
- 🏠 南投县名间乡到集集镇之间的台16线上（其中的152县道即是绿色隧道）
- ☎ 绿色隧道文化观光促进会 (049)2781-130
- 📝 每周五至周日 19:00~22:00 绿色隧道开启照明

17:00 🐴 🍽

添兴窑
原汁原味的古朴陶窑

位于绿色隧道旁的添兴窑，由出身陶艺世家的林双喜于1955年所建。这个占地6000多平方米、极有古朴味道的高龄老窑厂，创建时就建立适合大量生产的"蛇窑"，制造如粗陶器皿、琉璃瓦等陶器，因品质极佳，盛极一时。传承至今，因经济等市场因素转型，发展为观光陶艺园，但仍保有其独特风格。除了开放窑区供参观外，也设置了陶艺景观设计、陶艺教室、展售中心及露天咖啡座。

"9·21"大地震几乎震毁窑厂，经过修复，目前存留最初创建的老蛇窑是台湾现存最老的一座，肩负传承台湾传统陶艺的重要使命。

Data
- 🏠 南投县集集镇田寮里枫林巷10号
- ☎ (049)278-1130
- 🕐 8:30~17:30
- 💰 每人凭100新台币最低消费或50新台币清洁费入园；陶艺体验200新台币起

如何抵达

集集·水里嬉游地图

驾 车
1. "国道"3号（中二高）下名间交流道，沿台3线接台16线，沿路标走即可抵达集集
2. "国道"3号（中二高）下竹山交流道接集山路，即可抵达集集

公共交通
1. 台铁彰化、台中、二水站转抵集集火车站，但班次并非十分密集，最好事先买票，其中以二水站班次较多
2. 搭乘国光客运至南投，转搭往水里方向的巴士
3. 至台中干城车站，搭乘每15分钟一班次的总达客运往水里班车，中途在集集下车即可
4. 由二水、员林、竹山，搭乘员林客运往水里，中途在集集下车

加油站
集集站加油站：南投县集集镇民生路317号
电话: (049) 276-3894
台湾优力集集加油站：南投县集集镇名水路二段208号
电话: (049) 276-3906

20:00 🏠

虫二雅舍
享受生活之美

　　虫二距离集集火车站不远，位于集集镇内一处绿荫夹道的宁静街道旁，三层楼高的日式建筑与矮墙优雅闲适。入内即可见到兼作吧台的柜台与挑高无阻碍空间，屋外有庭院、鱼池与花廊。这里共有七间住房，包括多人合住房、双人间、四人间与大床房等，每一间住房风格略有不同，但都相当雅致舒适。

Data
🏠 南投县集集镇成功九街 56 号
📞 (049)2764-980
🕐 入住 14:00，退房 11:00，提供车站接送服务
💰 双人房平日 1300 新台币，假日 2000 新台币；四人房平日 2200 新台币，假日 3200 新台币

集集铁路文物博物馆

　　火车站旁的集集铁路文物博物馆，出售印着集集怀旧绢印的木片明信片及圆柱状木信筒。在厚厚的绢印木片上写些问候话语，无论是寄给自己还是赠友珍藏，都别具纪念意义。

10:00 🎠

集集老火车站
生机勃勃的怀旧铁道

　　有 80 多年历史的集集车站是 1919 年日本侵略者为了运输材料至日月潭兴建水力发电厂设置的支线，沿线乡里因此繁荣一时。虽然在"9·21"大地震中重创停用，但几经修复通车，并在政府大力推动"集集火车之旅"活动后，这座朴拙典雅的木造老车站重新迎来人潮与生机。

Data
🏠 南投县集集镇民生路 75 号
📞 (049)2762-546；集集铁路文物博物馆 (049)276-4583
💰 铁路文物博物馆明信片 5 新台币，木质明信片 40 新台币

Day2

15:00
董家肉圆
皮弹肉嫩 吃法特别

　　15:00 才开门，14:40 左右就有人排队等着吃肉圆——水里这家董家肉圆的老板已是第二代经营者。完全以手工制作的肉圆，外皮香弹，馅料多，淋上特制的糯米酱、辣椒等配料后，就成了一碗风味绝佳的董家肉圆。肉圆还有特别的吃法：先吃完皮，馅留下来冲大骨汤喝，吃后不油不腻，让人齿颊留香。

Data
- 地 南投县水里镇民生路 47 号
- 时 15:00~17:30 或 18:00
- 要 25 新台币 / 个

16:00
明潭水库
山水互映 水落桥出

　　位于水里和鱼池乡交界的明潭水库是台湾省内最大的抽蓄水力发电厂，其工程是先利用日月潭冲下的水建造上、下人工湖泊，再利用上、下湖泊约 380 米的落差，进行水力抽蓄发电。这样不仅可调整尖、离峰时间的供电量，提供最佳负载管理，还形成了"水落桥出"、"三潭印月"等特殊景观。沿着 131 县道傍山公路行进，就可欣赏青山与湖潭相互映衬的美景。

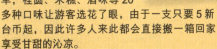

二坪枝仔冰
　　位于明潭发电厂旁的二坪枝仔冰远近驰名，虽然卖枝仔冰的店家相当多，但据说明潭电厂职工福利社才是此地枝仔冰的元老。摊开菜单，桂圆、米糕、酒味等 20 多种口味让游客选花了眼，由于一支只要 5 新台币起，因此许多人来此都会直接搬一箱回家享受甘甜的沁凉。

Data
- 地 南投县水里乡钜工村二坪巷 44 号
- 电 (049)2774-267

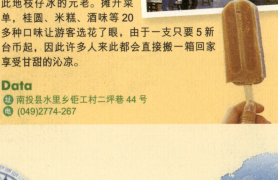

国姓

Day1
水鹿养殖场→鹿窑香菇园→广州东南美小吃→北港溪沙八度假村

Day2
北港溪沙八度假村→向日葵花田→明泰轮胎行草莓园→香草丛林→向阳山咖啡

纵情莓园舒泡温泉

行驶在有草莓公路之称的台14，一路上除了绵延不绝的草莓园，还有美丽的向日葵花田。深入探访台湾水鹿的故乡、舒泡露天岩洞温泉后，再来杯香醇的高山咖啡、品尝私房锅巴面吧！

Day1

14:00

水鹿养殖场
鹿茸产业深度巡礼

南投县饲养水鹿约6000只，国姓乡就占4000多只，养鹿历史长达90多年，台湾原生种的水鹿体形健硕，鹿茸产期在2~6月。游客可在安排下参观鹿场，选购自己心仪的鹿茸，由农友现场割取生鲜鹿茸，并烘干磨粉或浸泡成药酒，价格公道，过程全部透明。小朋友还可体验喂小鹿的乐趣。

Data
📍 南投县国姓乡南港村
📞 (049)2721-002 转农经课

16:00

鹿窑香菇园

有机香菇特色入菜

毕业于机械系的陈老板在机缘巧合之下，回归山林致力于无农药菇类有机生态平衡栽培方式，开业7年，借由休耕模式使香茹园的发展具有可持续性。园内的鹿窑菇类特色菜肴均采用有机无农药的南投自产菇，配合园区生态介绍，让游客在了解菇类生态之后更能了解要求品质的重要性。

Data

地 南投县国姓乡南港村南港路
120-5号
电 (037)990-099
时 13:00~20:00

18:00

广州东南美小吃

40年老店妈妈的味道

小吃店是玉兰妈妈和退伍军人邹爸爸一手打造，夫妻俩从路边卖饭团的小摊到今日的店面，40年来始终坚持健康、卫生、新鲜的原则。玉兰妈妈即使年纪大了还是自己采买食材、现点现煮，家常风味会让人想起自己妈妈的手艺。

在众多广州东南美小吃中，锅巴面是食客必点招牌菜式，酥脆焦香的面体和鲜嫩山蔬、肉丝一同入口，口感新奇美味，这道菜因为准备费时，最好提早预约。

Data

地 南投县国姓乡中兴路324号
电 (049)245-0449
时 用餐、参观提前1天电话预约
网 www.luyao.idv.tw
费 套餐、合菜250新台币起

如何抵达

驾　车
"国道"3号雾峰系统交流道下，转"国道"6号下东草屯交流道，再沿台14线即可抵达国姓

公共交通
台中建国市场搭乘全航客运或在台中客运站搭乘新南投干线，台中往埔里的方向在柑子林下车，到了柑子林再转搭南投客运即可抵达国姓

加油站
长流加油站：南投县国姓乡大长路577之13号
电话：(049) 243-1897
T-UP 柑林加油站：南投县国姓乡中正路二段568号
电话：(049) 272-2768
清德加油站：南投县国姓乡中正路二段203号
电话：(049) 272-0339

136　133
北港溪沙八度假村
广州东南美小吃　●国姓
向阳山咖啡　国姓乡　21
福农庄
明泰轮胎行草莓园
国姓交流道　14　埔里镇
14　爱兰交流道
香草丛林　6
鹿窑香菇园　●埔里
水鹿养殖场
中寮乡　147
鱼池乡　21　131
N
鱼池●

国姓嬉游地图

20:00 🏨
北港溪沙八度假村
舒泡露天岩洞温泉

　　沙八一语源自赛德克族语的"山中的秘泉"，曾于 2002 年被世界卫生组织 WHO 世界温泉协会代表评为亚洲两处水质最润滑的温泉之一，这也是这里最大的卖点。度假村中不但有清新冷冽的冷泉池，还有露天岩洞型的水疗馆 SPA，别墅内也有超大的气泡浴缸，让顾客彻底放松。

Data
- 址 南投县国姓乡北港村北原路 34-1 号
- 电 (049)2461-776
- 时 园区开放时间 9:00 起；泡温泉周一至周五 13:00~21:00，周六 9:00~22:00，周日 9:00~21:00
- 网 www.pkcv.net
- 费 温泉成人 300 新台币、儿童与老人 200 新台币；桌菜 8 菜一汤 10 人份 2500 新台币起；情人别墅双人房定价 5800 新台币，豪华木屋定价 4800 新台币；假日优惠请上网查询

　　除了可眺赏溪景的空中长城（情人桥），这里的餐饮也有别于乡内的客家乡土菜——有创意的水蜜桃牛肉、泰式酸辣虾，摆盘精致悦目、口味清爽养生，深深房获了食客的心。

Day2

9:00 🎠
向日葵花田
福农庄旁明媚风情

　　中潭公路旁可见一座欧式的木造大型建筑，这是"9·21"大地震后的福农庄，除了展售农产品，这里还成立了国姓乡第一个游客资讯中心。此外，占地两公顷的户外自然田园栽种了大量向日葵、波斯菊等花卉。只要登上园区右侧搭建的大型的双层木构造观景平台，草莓田明媚风光及九九峰美景便可一览无遗。

Data
- 址 南投县国姓乡中正路一段 127 号（福农庄）
- 电 (049)2722-368（福农庄）

10:00 🎠
明泰轮胎行草莓园
乡间乐采晶莹草莓

　　国姓乡的草莓产量是全台第二，草莓大多属于丰香品种，由于采用有机栽培法，少人为污染，果实较大、鲜红晶莹、甜度高。中潭公路两侧遍布广阔的草莓园，草莓成熟后农家会用细网围起来以防鸟儿啄食，成为此地特有景观，因此这条路又称作"草莓公路"。而在众多草莓园中，位于路边的"明泰轮胎行草莓园"路标最为明显，园内还附设有停车场。

Data
- 址 南投县国姓乡福龟村中正路一段 109 号
- 电 (049)272-0696，0912-110-052 黄小姐
- 附 请事先预约，若该园预约已满可致电 (049)2721-002 转农经课询问

12:00 🍴

香草丛林
新鲜香草特色入菜

　　香草丛林占地约3公顷的园区种植200多种药用植物，园艺业起家的老板以复合式经营理念打造简餐咖啡、香草花园、生态瞭望台等，提供用餐、住宿、游园活动等丰富服务。这里的菜肴皆以园内栽植新鲜有机香草入菜，香草除各具疗效外也有观赏价值，让客人享用到美丽又可口的自然盛宴。

Data
地 南投县国姓乡北山村中正路四段 160-2 号
电 (049)245-0243
时 平日 11:00~17:00，假日 9:00~21:00
网 www.cj-farm.com
费 最低消费 100 新台币起

15:00 ☕

向阳山咖啡
九份二山打响品牌

　　除了鼎鼎大名的惠荪林场国姓咖啡，在九份二山下默默耕耘9年的向阳国姓咖啡产销班于2009年到古坑参加台湾咖啡比赛，拿下二等奖，也因此打响名号。选在海拔800~1200米种阿拉比卡咖啡树，人工采摘八分红以上的果实当天去皮，经过自然发酵，日晒干燥，冲泡出的咖啡酸度温润、回甘苦味平衡感佳，并且口感层次丰富。

Data
地 南投县国姓乡福龟村中正路一段 206-5 号
电 (049)272-1430，0937-712-563 林先生
时 参观、购买请事先预约
网 www.92cafe.com.tw
费 圆豆约 1600 新台币 / 斤，日晒豆约 1400 新台币 / 斤，水洗豆约 1200 新台币 / 斤

日月潭

建议行程

Day1
日月老茶厂→涵碧环湖步道→明月湖餐厅
→水漾民宿

Day2
水漾民宿→耶稣堂→三育基督学院→迴原
餐厅→日月潭九族缆车→九族文化村

湖光山色全新视野

以往由雾峰到埔里，经由台14线需要一个半小时，现在经由"国道"6号只要30分钟，彻底改变了中部旅游的形式，更多人规划当日往返一日游。随着日月潭缆车的开通，中部桃花源不再遥远。搭船游日月潭、品尝邵族风味餐、参观拥有丰富生态的涩水社区和日月老茶厂，都能感受土地孕育出的茶香与旖旎风光。

14:00
日月老茶厂
埋藏土地情感的茶香

Data
地 南投县鱼池乡中明村有水巷38号
电 (049)289-5508，289-5510
时 8:30~17:00
费 茶场精装版红茶，每罐280新台币

日月老茶厂已从单纯的制茶厂转型为兼具生产红茶、有机农业、教育推广的场所，2006年更荣获"有机农业示范农场"的称号。薄雾中的茶园带领老茶厂走向新生，重建后的二楼场区设有茶菁萎凋区，空气中弥漫着清新茶香；而身心体验区则提供有机蔬食和毫无压力的开放空间，让人卸除城市中的烦扰庸碌。这里展出的每座制茶机具都记录着鱼池乡红茶的历史兴衰。经过师傅传承经验，加上年轻人的有机种植观念，红茶香气仍旧保持原样，也让原本几乎关闭的老茶厂转型为最具时代性也是最具代表性的观光茶厂。

16:00

涵碧环湖步道
漫步拥览山巅水湄

　　日月潭周边共有 8 条环湖步道，包括猫山自然步道、涵碧步道、松柏仑自然步道、慈恩塔步道、大竹湖步道等，每条步道都可从不同的角度欣赏日月潭的百媚千娇。坐拥辽阔潭景的涵碧楼是许多人心目中的住宿首选。饭店下方有条涵碧步道（又称蒋公步道，昔日涵碧楼为蒋公行馆），全长 1.5 公里，茂密的森林覆盖其上，加上步道平缓易走，是欣赏水色兼休憩的好去处。步行至蒋公凉亭或邻近的潭畔码头，可欣赏到拉鲁岛、慈恩塔和山水交织的美景。

Data
地 南投县鱼池乡水社村
电 日月潭国家风景区管理处
　　(049)285-5668
网 www.sunmoonlake.gov.tw

船屋享钓鱼乐

　　除了漫步环湖步道、乘船览景，日月潭湖畔也有不少船屋，可登船享受湖上的悠闲时光。潭内鱼类多达二十几种，有机会还能钓到有名的曲腰鱼，而且能现烤现吃。其中叶老板的船屋因贴心服务极受客人喜爱，若没亲自钓到鱼，老板还会抓鱼给客人烤。

Data
电 0916-331-385

如何抵达

日月潭嬉游地图

驾　车
1. "国道"3 号往雾峰系统交流道，再沿"国道"6 号前进，下爱兰交流道后往埔里方向，转台 21 线，经鱼池乡前往日月潭
2. "国道"3 号于竹山交流道或名间交流道，转台 16 线，途经集集、水里，转台 21 线即可抵达

公共交通
1. 台铁抵达台中站后，在台中火车站正对面可转搭乘客运至日月潭
2. 台铁二水站转搭集集支线铁路小火车至水里站后，再搭乘丰荣客运即可抵达
3. 搭乘国光客运经埔里直达，或由埔里转搭南投客运可抵

加油站
日月潭站加油站：南投县鱼池乡水社村中山路 20 号
电话：(049)285-5160

18:00 🍴
明月湖餐厅
邵族美食四代老店

　　至今传到第四代、有40多年历史的明月湖餐厅，由土生土长的邵族人经营。在此可吃到地道的邵族风味餐，除了合菜、风味特餐，还有下午茶，食材多取自日月潭当地、当季的鱼鲜、蔬菜和香料，招牌菜有阿萨姆总统鱼、鱼虾满渔船、邵族烤山猪、山地槟榔花、山羌铁板烧、小米醉鸡、邵族竹筒饭等，菜色、口味皆拥有好口碑。餐厅就位于伊达邵（德化社）码头旁，可将日月潭美景尽收眼底，同时也拥有欣赏夕阳的极佳角度。

Data
🏠 南投县鱼池乡伊达邵水沙连街 11 号
📞 (049)285-0501
🕐 8:00~20:30

20:00 🏠
水漾民宿
引山水入房的景观美宿

　　坐落于日月潭伊达邵码头的水漾民宿，地理位置便利，更有潭边"山中有水、水中有山"的特别景致。日间可游逛附近的伊达邵商圈，夜间可享受星空虫鸣，闹中取静的优质环境让新开业的水漾民宿获得了好口碑。房间最大特色就是具有两面朝向日月潭水面的大型景观窗。拉开窗帘，几乎可以感受到日月潭的湖水就在床边。此外，每到夕阳时分或清晨日升，站在阳台就可尽览日月潭美景，夜晚则可在民宿邻近的逐鹿市集观赏少数民族舞蹈表演，同时享用口味独特的伊达邵族风味餐。

Data
🏠 南投县鱼池乡日月村丰年街56 号
📞 (049)285-0368
🕐 入住 15:00，退房 11:00
💰 全湖景观 4 人房平日 3900 新台币，假日 4900 新台币；住宿游客可享有邵族风味特餐、中餐或晚餐，每人优惠价 100 新台币，合菜可享有 100 新台币抵用券（每房一张）

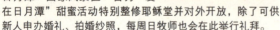

Day2 🐎

9:00 🐴
耶稣堂
古典教堂浪漫无限

　　黄色典雅的外观、罗马风格的列柱、红桧木的座椅，这就是当年蒋介石和夫人宋美龄做礼拜的地方。朴素的小教堂格局方正，里头的陈设仍保留着当年蒋介石夫妇做礼拜的场景及其专用座位。日月潭"国家风景区"曾为"爱在日月潭"甜蜜活动特别整修耶稣堂并对外开放，除了可供新人申办婚礼、拍婚纱照，每周日牧师也会在此举行礼拜。

Data
🏠 南投县鱼池乡日月潭
📞 (049)2855-668（日月潭"国家风景区"管理处）

10:00 🐴
三育基督学院
洋溢欧风的清新校园

　　开阔的大草坪、蔚然成林的樟树大道、绿色隧道、教堂——这里不是欧洲，而是位于日月潭附近的三育基督学院。学院创立于 1951 年，50 公顷的园区内除了有绵延草坪，还有枫树林围成的情人步道、肖楠林、榕树林等幽静浪漫的景致。这里已成为中部地区拍摄婚纱照的热门场景，灵修中心的教堂甚至提供婚礼及餐点服务，这让教会学校在淳朴中添加几分浪漫。许多广告、连续剧、电影也都曾在此取景，包括知名导演林正盛的电影《月光下我记得》。

Data
🏠 南投县鱼池乡鱼池村琼文巷 39 号
📞 (049)289-7212

11:00 🍴

迴原餐厅
当地好料

　　由邵族人经营的迴原餐厅提供包括烤山猪肉、山芋鸟不踏（野菜名）、清蒸曲腰鱼、潭虾、奇力鱼等美食，餐厅的装潢摆设纯属邵族风格，是德化社内最受欢迎的用餐地点。其中，曲腰鱼又称"总统鱼"，肉质鲜美，是必尝的日月潭美食。

Data
🏠 南投县鱼池乡日月村水沙涟街9号
📞 (049)285-0191
🕐 11:00～14:00，16:30～20:00
💰 邵族风味餐一桌2000新台币起

12:00 🎠

日月潭九族缆车
从空中发现全新视野

　　日月潭九族缆车将原本绕行公路需20多分钟车程的时间缩短至6.8分钟。缆车全长1877米，共设16座支柱，其中跨越日月潭大竹湖出水口山坳的第七、第八号支柱，跨距长达786米，创下全台最长跨距纪录。缆车垂直湖面的高度超过150米，沿途能尽览激滟湖光和葱郁山林之美，彻底拓宽了日月潭水陆空的游览视野。日月潭缆车站银白色的圆形外观十分亮丽，一楼规划为湖畔咖啡座与餐厅等多元复合式中心。缆车票价300新台币，九族文化村游客可免费搭乘。

Data
🏠 南投县鱼池乡大林村金天巷45号
📞 (049)289-5361
🚗 "国道"6号埔里交流道下接台21，往日月潭方向续行，沿路标可抵

13:00 🎠

九族文化村
三代同乐的游玩天堂

　　九族部落景观区、欧洲宫廷花园区、欢乐世界为九族文化村三大主题游乐园。部落景观区里，有九族部屋聚落、定时歌舞技艺表演和少数民族美食；欧洲宫廷花园里有欧式宫殿、喷泉、钟楼和罗马雕像，气氛浪漫；最受欢迎的欢乐世界包括自由落体、玛雅探险等惊险刺激的新颖设施，九族文化村结合了动态的刺激设施和静态的文化洗礼，让一同入园的一家老小都可以玩得过瘾。

Data
🏠 南投县鱼池乡大林村金天巷45号
📞 (049)289-5361
🕐 8:00～17:00（平日），8:00～17:30
💰 全票650新台币，学生票550新台币，儿童票500新台币

✦ 玩乐好康

好康1

　　在日月潭"国家风景区"管理处可免费租用"JT Voice Map"观光语音导览笔，走到哪儿都有专业人员解说步道、美食等信息。

好康2

　　搭南投客运日月潭环湖交通游园车和日月潭缆车站接驳车套票只要80新台币，不但随招随停、不限搭乘次数，还可把自行车扛上车一起旅行！另外还有299新台币和899新台币的水陆空联合套票，都物超所值。

鱼池

建议行程

Day1
和果森林→ 香山农场有机农园→ 涩水定
农特产品行→ 卢园民宿

Day2
卢园民宿→ 涩水社区→ 杜康行→ 亲手窑

手工红茶果香四溢

位于台湾中心位置的南投县鱼池乡拥有得天独厚的地理环境，多云雾的气候、排水良好的土壤相当适合种茶，现今红茶走向精致化的人工手采产业，以野生的台湾山茶与缅甸大叶种茶树配种而出的新品种"台茶十八号（红玉）"而闻名，茶汤艳红且具有天然的肉桂香及花果香，滋味独特，令人惊艳。

14:00 🎠 ☕

和果森林
手制红茶惊喜体验

把自己做的茶带回家听起来是一件多么棒的事呀！在和果森林推出的亲手制茶DIY活动中，你可以用双手揉捻出茶香，而且能手绘红茶包装罐，并将这份凝聚自己感情、别具意义的茶叶带回家，无论是自己喝还是招待客人都非常合适。而坐在园区的休憩区内，享受一份传承与创新激荡而出的美味下午茶，遥望翠绿的山峦与田野，让人味蕾满足、身心放松。

鱼池红茶新体验

和果森林的年轻老板石茱桦与丈夫陈彦权传承了父亲石朝幸种茶的技艺，种出高品质的阿萨姆红茶及红玉、红宝石、祖母绿等品种，而制茶体验营、下午茶、红茶餐等多元化的经营内容更让鱼池红茶产业走上创新路线。

Data
- 🏠 南投县鱼池乡新城村香茶巷5号
- ☎ (049)289-7238
- 🌐 www.assam.com.tw
- 🕐 9:00～17:00
- 💰 亲手制茶＋茶罐彩绘DIY 每人280新台币，柠檬红茶100新台币，手工饼干50新台币

16:00 ☕

香山农场有机农园
纯手工的好滋味

日本侵占时期留下的制茶场宿舍，在老茶农许堂坤迁入后，改建为一间小型的红茶制茶所，在适合茶树生长的土壤、气候中，以有机栽培方式种出红茶，并坚持手采，制出蕴含丰厚情感的好茶。台茶 8 号及 18 号是最具代表性的茶种，滋味甘醇芳香。

Data
🏠 南投县鱼池乡新城村香茶巷 40 号
☎ (049)289-6369
🌐 xtea40.com
🕐 10:30~21:00

香茶巷

鱼池乡有一条极具诗意的香茶巷，驱车驶入，绿色的田园风光与山峦起伏交错，异常美丽！曾经蝉联两届冠军茶的和果森林，以及出产醇厚隽永的"香茶巷 40 号"红茶的香山农场就在此处，在当地茶农的努力下，鱼池红茶再度绽放风采，让茶香回甘在人们的口中、心中。

鱼池嬉游地图

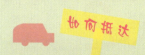

如何抵达

驾车
"国道" 3 号往雾峰系统交流道，再沿"国道"6号前进，下爱兰交流道后往埔里方向，转台 21线，即可抵达鱼池乡

公共交通
坐台铁抵达台中站后，在台中火车站正对面可搭乘台中客运直达

加油站
鱼池站加油站：南投县鱼池乡鱼池村鱼池村街772 号
电话: (049)289-5352
速得加油站：南投县鱼池乡通文巷 6 号
电话: (049)245-2277

17:00
涩水定农特产品行
红茶猪脚红茶饭滋味难忘

闻名遐迩的红茶大餐是由通过餐饮检查的社区妈妈担任大厨，用阿萨姆红茶研发出的菜色，最令人惊艳的莫过于以红茶茶汤炖煮的猪脚及以茶汤取代水煮出的红茶饭，猪脚色泽艳红且滋味清爽，并大幅降低腻度，甘醇好味令人难忘。菜品选用5~9月份采收的台茶18号所制成的涩水皇茶，带有独特的薄荷及肉桂淡淡香气在口中萦绕，令人难以忘怀。

Data
- 址 南投县鱼池乡大雁村大雁巷7邻31之6号
- 电 (049)289-5938，0931-119-599
- 时 9:00~18:00
- 费 合菜接受30人以上团体预约，300新台币/人

20:00
卢园民宿
热情温馨山中小屋

客人刚进门，笑眯眯的卢妈妈就会端出香醇的红茶与她亲手研发的红茶凤梨酥及红茶牛轧糖，让你坐在凉亭下的舒适木雕椅上，慢慢享受口中的香味，在女主人爽朗豪迈的谈笑声中，享受山居岁月的轻松愉悦！以巧思布置出的海豚房、公主房的温馨气息令人放松。民宿虽然简单淳朴，却可以感受老板热情招待客人的浓浓心意。

Data
- 址 南投县鱼池乡大雁村大雁巷39-6号
- 电 (049)289-8367
- 网 www.wretch.cc/mypage/luyuan
- 时 入住15:00，退房12:00
- 费 双人房平日1600新台币，假日2000新台币；四人房平日2800新台币，假日3200新台币；八人房平日4000新台币，假日5200新台币

红茶牛轧糖

添加红茶制成的牛轧糖是纯手工制作，每一颗形状虽不太一致，但都散发奶香与茶香混合的浓浓幸福滋味。甜而不腻的牛轧糖入口后，还留存有红茶的甘醇香气呢！此外，牛轧糖也有巧克力及原味。

红茶凤梨酥

卢园的女主人卢妈妈本身为农会家政班的班长，拥有一身好手艺。她以自己家栽种的红茶茶叶，磨成粉后制作成凤梨酥的饼皮，一口咬下，饼皮上的茶末散发出优雅清香，与松软香甜的内馅形成绝佳口感。

Day2

9:00
涩水社区
丰富有趣的闲情村落

Data
- 址 南投县鱼池乡大雁村涩水社区
- 电 (049)289-5938、(049)289-6488
- 网 www.seshui.org

这座位于海拔600米的山谷小村落，居民仅50余户，以陶艺、红茶、竹炭工艺与特色民宿而出名。步入村中，淳朴宁静，鸡犬相闻，透露出乡村闲情。村中有丰富生态资源，包括22种台湾原生蛙类、40多种蜻蜓类，还有多种蝶类和鸟类，吸引不少学校和团体来此进行生态教学。来到涩水社区，有专人导游、解说社区景观和生态，也可前往涩水窑，在老师傅的指导下制作陶艺，还可品尝口感温润滑顺的涩水特产皇家红茶。社区内还有近10家特色民宿，从欧风小木屋到农舍、红砖古厝，各具风情。

11:00 🎠

杜康行
古法酿造有机活醋

"阿婆会酿醋，我应该也会"——就是这样的念头，让老板赖鸿文投入酿醋的世界。他选用有机糙米，在传统陶缸中，按古法长时间静置发酵，酿出最甘甜健康的有机好醋。他严格管控每一个酿造过程的努力也体现在杜康行的每一瓶好醋中。以米醋为基底再浸泡水果的梅子醋、凤梨醋、百香果醋、柠檬醋、桑葚醋、柳丁醋等，稀释饮用，为夏天带来酸甜沁凉的清爽气息。

Data
- 地 南投县鱼池乡中明村有水巷 35-2 号
- 电 (049)289-5479、289-9100
- 网 www.dukang.com.tw
- 时 9:00~17:00，购买请先电话咨询
- 费 糙米醋 220 新台币、玫瑰醋 450 新台币、红曲醋 550 新台币

12:00 🍽 🎠

亲手窑
尝庄脚菜 玩手拉环

亲手窑环境布置别出心裁，处处可见老板巫慈彬的木雕创作，仔细瞧瞧建筑的横梁，巫老板还将自己的人生经历都刻在上面！游客在这艺术气息十足的空间中可以玩手拉环或手捏陶，创造出属于自己独一无二的纪念品。此外，千万别错过这里的庄脚菜，以当地特产红茶、日月潭潭鱼、绿竹笋等烹调而出的菜肴，道道可口，有着令人惊喜的美味。

Data
- 地 南投县鱼池乡中明村文正巷 1-22 号
- 电 (049)289-8702、289-8703
- 时 10:00~18:00
- 费 手捏陶 150 新台币，手拉环 250 新台币（含烧制完成）；合菜六菜一汤 2000 新台币起

茶熏潭鱼选用日月潭的尼罗红鱼，细腻肉质中洋溢着乌龙茶香。

顺游日月潭

日月潭"国家风景区"管理处
漫游步道赏山光水色

日月潭的美丽需要时间去静静等待、细细欣赏。这全台最大的湖泊清晨云雾缭绕、充满诗情画意；白天潭水湛蓝、风光明媚；傍晚夕阳余晖、水波荡漾，各有不同风情。8月份的盛事莫过于受国际瞩目的"万人泳渡日月潭"，众人横越日月潭的景象热闹非凡；而日管处也推出"步道之旅"主题活动，选出四条步道，分场次有专人解说。无论是环湖赏水色，还是爬上猫囒山看茶园，都很惬意。

Data
- 地 南投县鱼池乡中山路 599 号
- 电 (049)285-5668
- 网 www.sunmoonlake.gov.tw
- 时 周二至周五 10:00~17:30，周六、周日 09:00~20:30，周一休

埔里

山城潭畔饮玫瑰酒

循着玫瑰的酒香，漫游山城埔里，这是入秋后最浪漫的旅程。醇酒、微笑、绿野，还有当地人源源不绝的创意，都是献给每位游人的见面礼。

建议行程

Day1
埔里酒庄→造纸龙手创馆→基立屋→绿庄飞阁度假会馆

Day2
绿庄飞阁度假会馆→18度C巧克力工房→ Paper Dome 新故乡见学园区→树蛙亭田园厨坊

 **Day1**

14:00　埔里酒庄
玫瑰醇酒浪漫合奏

埔里酒庄依傍鲤鱼潭，坐拥湖光山色，它还有一片小巧的玫瑰园，在山城中成为一方独特的风景。酒庄中以玫瑰酒驰名，当年为了找到能制酒的食用玫瑰，何总干事遍寻宝岛，终于找到有特殊花果香的山形玫瑰，能让玫瑰的纯、香与基酒完美结合，制成口味醇厚的佳酿。

Data
地 南投县埔里镇蜈蚣里鲤鱼路 22-3 号
电 (049)242-3828
时 8:30~17:00
网 www.puli-distillery.com
费 真情玫瑰酒 16 度 399 新台币 / 瓶

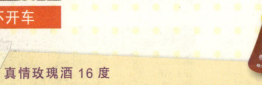

喝酒不开车

真情玫瑰酒 16 度

在众多以玫瑰为主角的产品中，以"真情玫瑰酒 16 度"最获顾客青睐，不但多年来勇夺各项大奖，2008 年更荣获比利时布鲁塞尔世界酒类评选银牌奖，真情玫瑰酒制成存放时间只有一两年，却散发出十几年的悠然风味。

必买礼品

山形玫瑰花瓣酱

山形玫瑰花瓣酱以台湾特有山形玫瑰制成，色泽高雅，散发特殊香气，可以当成果酱，也可以 1:5 比例加入热水，变成玫瑰花茶，是埔里酒庄最热卖的伴手礼之一。
费 299 新台币 / 两罐

玫瑰花醋

玫瑰花醋以糯米醋为基底，浸入埔里山城玫瑰，完整封住玫瑰独特的芬芳，香味持久不散，对于女性养颜、美容有卓越功效。
费 600 新台币 / 两瓶

玫瑰纯露卸妆液、护肤乳

无添加香精，完全采用纯露（100% 玫瑰花水）为基底制成的玫瑰纯露卸妆液与护肤乳，具有超强保湿美白功能，深受女士喜爱。
费 卸妆液 720 新台币 / 瓶，护肤乳 780 新台币 / 瓶

16:00 🐴 ☕

造纸龙手创馆
彩纸玩出惊世创意

　　谁说纸只能变成一本书？造纸龙手创馆里缤纷多彩的各色纸张就大胆地成为女用背包、手提电脑包、椅子，让你看见纸创意的各种可能性。而馆中最令人叹为观止的，是让外国人为之疯狂的瓦楞纸娃娃。走入主题餐厅，墙上满满都是用瓦楞纸做成的知名卡通人物公仔，彩色瓦楞纸利用形状和空间错位，折出造型有趣的青蛙、企鹅和长颈鹿，让人看了爱不释手。

Data

- 趾 南投县埔里镇隆生路 118-2 号
- 电 (049)290-2989
- 网 www.pulipaper.com/diy/
- 时 9:00~17:00
- 费 全票 50 新台币，半票 30 新台币（65 岁以上长者及身高 120 厘米以下学龄前儿童）

手创 DIY

　　户外 DIY 体验工坊是以瓦楞纸概念设计的，屋顶建材会热胀冷缩，随着温度发出各种声音。栩栩如生的瓦楞纸娃娃材料包可带回家自己动手做，现在还外销欧洲，是手创馆最热的产品（小的 50 新台币，大的 150 新台币）。

埔里嬉游地图

N

- 133 ●国姓
- 仁爱乡
- 国姓乡
- 21
- 14
- 埔里交流道
- 爱兰交流道
- 14 6
- 基立屋
- ●埔里
- 树蛙亭田园厨坊
- 埔里酒庄
- 18度C巧克力工房
- 绿庄飞阁度假会馆
- 147
- 131 造纸龙手创馆
- 21
- 鱼池乡
- 鱼池
- Paper Dome新故乡见学园区

如何抵达

驾　车
"国道" 3 号往雾峰系统交流道，再沿"国道" 6 号前进，下爱兰交流道后往埔里方向可抵

公共交通
1. 国光客运可经"国道" 1 号直抵埔里
2. 搭乘台铁抵达台中站，再搭乘南投客运即可抵达
3. 搭乘高铁抵达高铁台中站，再搭乘南投客运即可抵达

加油站
虎山加油站：南投县埔里镇中山路一段 308 号
电话：(049) 299-9008
福懋埔里加油站：南投县埔里镇树人路 225 号
电话：(049) 242-2678
山隆埔里加油站：南投县埔里镇中山路四段 172 号
电话：(049) 291-5022

18:00 🍽

基立屋
传家平埔美食飘香

临高眺望南烘溪，享用着清淡、少油的鲜美菜肴，基立屋让人忆起夏日午后的舒畅时光，那么恬淡，那么舒服。三种迥然不同的空间风格，说明了餐厅从一座小停车场如何蜕变三次，成为让游人享用美食的角落的。身为平埔族后裔，潘伟钦不吝惜地端出平埔族美食，把当地的新鲜食材与历史传承的饮食记忆，巧妙结合在一起。

Data
地 南投县埔里镇爱兰里梅村路 255 号
电 (049)291-2477
时 11:00~21:00，周二公休
网 blog.kerithhouse.com

刺葱豆腐

刺葱以手工除刺，非常费时，入口后散发特有的香气，与豆腐的口感形成微妙的对比（150 新台币 / 份）。

20:00 🏠

绿庄飞阁度假会馆
日式庭园 苏州雅趣

绿庄飞阁度假会馆是埔里山城中的小森林。6000 多平方米的范围内植满上万棵珍贵名树，如保育类的乌来杜鹃、五叶松、针柏和加拿大糖枫，花木扶疏，使亭台楼阁既展现日式庭园的禅意，又能窥见苏州园林的玲珑。绿庄飞阁只有 16 间房，但留给每位客人最宽敞的户外空间。

Data
地 南投县埔里镇东润路 52-6 号
电 (049)297-7859
网 www.flying-villa.com.tw
时 入住 15:00，退房 11:00
费 松之阁双人房假日 6500 新台币，平日 4550 新台币；青松阁 4 人房 8800 新台币，平日 6150 新台币

Day2

9:00 🍴

18 度 C 巧克力工房
低温冷藏丰富滋味

Data
📍 南投县埔里镇慈恩街 20 号
📞 (049)298-4863
🌐 www.feeling18.us

　　18 度 C 巧克力工房内的巧克力全部现做，低温 18℃冷藏。原料取自世界闻名的比利时巧克力，搭配埔里酒厂白兰地或百香果等当地特产，呈现丰富味觉。游客可以尽情试吃胡椒巧克力、阿萨姆茶香、白兰地松露巧克力、蜜酿橘皮，或是匪夷所思的辣椒巧克力，在店内还有免费的高山冷泡茶和热咖啡。

11:00

Paper Dome 新故乡见学园区
纪念震灾纸教堂

　　Paper Dome 是坂茂建筑师为纪念阪神大地震而设计的纸建筑，简单的空间中立着 58 根纸柱，搭配钢材撑起米白色圆顶，呈现出一种温暖又坚毅的风格。Paper Dome 位于 "9·21" 震中不远处，将许多人对灾后重建家园的梦想转移到台湾。虽然是以纸做成的建筑，Paper Dome 可以遮风挡雨，并且已经成功举办过各种活动，是桃米社区居民聚焦的新空间。

Data
📍 南投县埔里镇桃米里桃米巷 52-12 号
📞 (049)242-2003
💰 入园参观免费，导游解说（1.5~2 小时）：50 新台币／人

12:00 🍴

树蛙亭田园厨坊
自然原味河洛美食

　　树蛙亭淳朴得一如它的名字，给人一种田园野趣的感觉，建筑全采用绿色建筑手法，餐厅内的菜色，都是社区妈妈共同想出来的，口味家常、清淡又健康，食材全取自埔里，充分展现地方风味。到树蛙亭不能点菜，当天出什么菜，全凭老板根据当时节令跟现有食材而决定，但保证能让你酒足饭饱，尽兴而归。

Data
📍 南投县埔里镇桃米里桃米巷 29-6 号　📞 (049)291-3389
🌐 2000~3000 新台币／10 人份合菜，需 4 小时前预订

埔里·奥万大

静谧的山林之美

海拔 1200~2600 米之间的奥万大，因为冬暖夏凉，景致宜人，相当受人们喜爱，除了"枫"景优美早已闻名，壮阔绿林、飞瀑则独具远离尘嚣的宁静之美。奥万大至埔里的车程约 1.5 小时，闲暇之时，不妨安排一趟埔里·奥万大之旅。

建议行程

Day1
桃米生态村→玫开四度食用玫瑰园→埔里造纸观光工厂→埔里牛耳艺术度假村→埔里水乡豪华 Villa

Day2
埔里水乡豪华 Villa→万大发电厂→塔洛弯景观餐厅→奥万大森林游乐区

Day 1

13:00
桃米生态村
湿地生态发现之旅

桃米生态村占地面积 18 平方公里，有一千多居民，区内绿意盎然，有蜿蜒的桃米坑溪、种瓜坑溪及大小支流，丰饶的河床孕育多种生态，其中最大规模的草湳湿地有常见鸟类约 40 种、蛙类 15 种，另有 26 种蜻蜓及豆娘，水生植物亦达十多种，还有蜻蜓流笼、青蛙简报室、吓一跳桥等休憩设施。

Data
桃米自然保育及生态旅游协会
址 南投县埔里镇桃米里桃米巷 5 之 37 号
电 (049)291-8935

桃米社区发展协会
址 南投县埔里镇桃米里桃米巷 31-1 号
电 (049)291-8030

14:00

玫开四度食用玫瑰园

芳香甜美有机植栽

　　园区内种植的上千株玫瑰花坚持无农药、无化学肥料，全数采取天然有机质及有机堆肥滋养土壤的栽培管理模式。玫瑰园经营 7 年多，对外开放超过 4 年，以成为"台湾的保加利亚"为发展目标。目前的加工副食品有玫瑰糙米醋、玫瑰花瓣酱、玫瑰纯露等产品，访客游园时也可以参加 DIY 课程，自己制作玫瑰酱。

Data

🏠 南投县埔里镇清新里开南路 25 号
📞 0933-420-527
🌐 www.lohasrose.com
🕐 请提前两日电话预约
💰 玫瑰花酱 DIY180 新台币 / 瓶

如何抵达

埔里·奥万大嬉游地图

仁爱乡

埔里牛耳艺术度假村　　塔洛弯景观餐厅
仁爱（雾社）　　　14甲　庐山
　　　　　　　　　　14
　　　　　　　14
　　　　　万大发电厂
埔里交流道
　　　　埔里水乡豪华Villa
爱兰交流道
埔里　　玫开四度食用玫瑰园
　　　　　　奥万大森林游乐区
21　埔里造纸观光工厂
131　桃米自然保育及生态旅游协会
　　　桃米社区发展协会

N

驾 车
1. "国道" 3 号往雾峰系统交流道，再沿"国道" 6 号前进，下爱兰交流道后往埔里方向可抵
2. 经台 14 线续往合欢山方向，于雾社转入投 83 线，可抵奥万大

公共交通
1. 国光客运可经"国道" 1 号直抵埔里，再转南投客运于万大下车
2. 搭乘台铁抵达台中站，到埔里后再搭乘南投客运
3. 南投客运于周六、周日，有奥万大旅游专车于台中干城站出发经高铁台中站、埔里转运站、雾社站抵奥万大

加油站
奥万大无加油站，需在雾社或埔里加油

15:00

埔里造纸观光工厂
翻开造纸流程的扉页

埔里造纸工厂以生产包装纸、浮水印等高经济纸类为主，并配合工业局政策转型为观光工厂。除了纸艺术品陈列，纸厂也提供最受欢迎的纸品 DIY 活动，让游客感受到纸艺与生活结合的文化之美。

Data
🏠 南投县埔里镇隆生路 118-2 号
📞 (049)290-2989
🕐 周一至周日每日 9:00~16:00，每月最后一天休馆
💰 入场费用每人 50 新台币，可抵消费金额；稻谷纸笔记本 250 新台币；DIY130 新台币起

18:00 🎠 🍽

埔里牛耳艺术度假村
赏诗意桐花　观石雕艺术

这里原本是单纯收藏艺术家林渊作品的石雕公园，如今已发展成一处兼具艺术与休闲的多元化度假中心。园内几千平方米的大片油桐林，在 4~5 月桐花纷飞的梦幻时节最美，漫步其中，风一吹，桐花雪般纷飞，如诗如画的浪漫景致，令人难忘。而园内桐诗桐画蔬食餐厅，还提供健康养生餐点，以法式烹调方法制作新鲜食材，味道令人难以忘怀。

Data
🏠 南投县埔里镇中山路四段 1 号
📞 (049)291-2248
🕐 8:00~22:00
🌐 www.neweraart.com.tw
💰 全票 150 新台币，半票 100 新台币

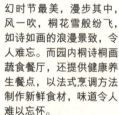

20:00 🏪

埔里水乡豪华 Villa
水道蜿蜒的悠闲美宿

在群山蓊郁间的开阔绿地——几千平方米的空间中，仅有 7 栋独立别墅矗立其间，让住客享受私密悠闲及大自然的拥抱；环园河道是青蛙、蜻蜓、鱼蝶的嬉戏场，桧木屋内挑高的住宿空间让人毫无压力，只想尽情深呼吸。每户皆有独立石砌温泉屋、童趣洗石盆、落地木窗，让顾客在高雅的布置中享受高档的住宿品质。

Data
🏠 南投县埔里镇牛眠里内埔路 15-5 号
📞 (049)299-3098
🕐 入住 15:00，退房 11:00
💰 双人房 6500 新台币起（平日 7 折）

Day2

10:00

万大发电厂
怀旧风格的日式宿舍

建于 1943 年的万大发电厂位于四面环山的溪谷中，园内遍植樱花、梅花、枫树，由于近年才开放参观，可说是一处私房的赏花据点。在守卫室登记，穿过像电影《神隐少女》中的隧道后，出现在眼前的是数栋传统日式建筑的宿舍，樱树成排，四周青山环绕，园内还有一片梅花林以及高耸的枫树，形成远离喧嚣的幽远意境。为了维持原貌，洞内宿舍数栋木造日式房舍外墙粉刷柏油黑漆以防虫蛀，屋顶添设仿古式的鬼墙、瓦片，充满怀旧风情。

Data
- 址 南投县仁爱乡亲爱村大安路 104 号
- 电 (049)297-4166

12:00

塔洛弯景观餐厅
绝美湖景　冠军美食

塔洛弯景观餐厅清晨天空云雾缭绕，午后湖水波光激滟，黄昏沐浴在金色夕阳中，让人留恋。除了景观，这里的美食更曾在仁爱乡农会主办的"原乡美馔创意米食料理"竞赛中拿下冠军。以原生香糯米搭配高山特产，烹调出兼具创意与地方特色的美食，值得一尝。

Data
- 址 南投县仁爱乡大同村仁和路信义巷 25-1 号
- 电 (049)280-3839
- 网 www.talowan.com
- 时 8:00~20:00
- 费 高山咖啡 100 新台币起，简餐 298 新台币起，单点 150 新台币起，原生香糯米料理需预约

14:00

奥万大森林游乐区
赏飞瀑享负离子 SPA

奥万大森林游乐区虽以秋季"枫"情闻名全台，其他季节也有万种迷人样貌：5 月底至 8 月雨水丰沛，正好到瀑布区赏"脑寮溪"飞瀑群。从园区入口步行 15 分钟即可见三大瀑布全景，途中原作水库调节的调整池，山影浮云倒映湖面如画，淙淙水声不绝于耳；距离此处 900 米、最上层的"飞瀑"由 50 米高处直泻而下，夹带水汽的劲风拂面而来十分舒服；沿木栈道往下走，依不同山势还有双瀑与连瀑瀑布群。此处瀑布负离子含量为林务局森林游乐区瀑布群中第二，来此一游，仿佛做了一次大自然 SPA。

Data
- 址 南投县仁爱乡亲爱村大安路 153 号
- 电 (049)297-4511
- 网 www.aowanda.com.tw/about_a3.php
- 费 假日全票 200 新台币，非假日全票 150 新台币，半票 100 新台币
- 注 假日导游每日两批次，团体 20 人以上可十日前预约导游

信义

建议行程

Day1
梅子梦工厂园区→信义采梅之旅→梅花前餐厅→顶峰民宿

Day2
顶峰民宿→聿仙山庄→喜觉支梅园梅宴工作室→坪濑一线天

梅香滋味隽永难忘

台湾出名的梅乡就是南投信义乡，风柜斗、牛稠坑、乌松仑的梅树栽培占了全台80%。冬天适合来此赏梅花花海，而4~5月梅果成熟，最适合采摘，或是品尝酿酒庄的香醇梅酒。

Day1

14:00

梅子梦工厂园区
充满梅香的酿酒庄

Data
- 址 南投县信义乡明德村新开巷 11 号
- 电 (049)2791-949
- 网 www.52313.com.tw
- 时 周一至周五 8:00~17:00，周六、周日、假日 8:00~17:30

梅子梦工厂园区是信义乡酒庄与农产品展示中心，集合了酒庄与观光休闲，是全省第一家取得合法酿酒执照的民营酒庄；占地约两公顷的园区紧临陈有兰溪，规划有农特产展售中心、梅子酒庄、CAS 加工厂、休闲旅游服务中心驿站、周边休憩区等主区，园内以可爱的山猪、少数民族图案设计代表图腾与公仔，而且每一主区还取了如"长老说话伴手礼馆"、"忘记回家梅子酒庄"等名字，搭配着酒庄各款酒品的专有故事，成为台湾首座深具文化特色的"说故事酒庄"。

园区处处有惊喜

位于酒庄后侧的花语小径旁植满梅树，沿途可欣赏陈有兰溪宽阔景致。酒庄里称为驿站的休闲旅游服务中心，一楼有信义乡简介与咨询，二楼是少数民族文化展示区，三楼为餐厅。庄内出售的"山猪迷路"威士忌是 40 度的谷类蒸馏酒，封存在橡木桶数年之后才装瓶上市。价格为 600 毫升 680 新台币。

喝酒不开车

16:00

信义采梅之旅
酸甜生津 DIY 采梅乐

　　信义乡梅树栽种面积达到全台之冠；果园观光化后，许多民家梅园也陆续开放给游客采摘，形成如今信义乡采梅季的观光潮流。每年3月下旬开始至4月是信义乡梅子的盛产期，整片山头绿油油一片。信义乡可以采梅的果园地点众多，有些当地民宿亦组织采梅活动，想前来采梅也可事先询问信义乡农会酒庄，或询问旅店主人。

Data
- 南投县信义乡明德村新开巷11号（信义乡农会酒庄—梅子梦工厂）
- (049)279-1949
- 周一至周五 8:00~17:00，周六、周日、假日 8:00~17:30

如何抵达

鹿谷乡　水里乡
坪濑一线天
●信义
梅子梦工厂园区
梅花前餐厅
喜觉支梅园梅宴工作室
21
聿仙山庄　信义乡
顶峰民宿
N
东埔
信义嬉游地图

驾　车
"国道"3号竹山交流道或名间交流道，沿台16线往集集、水里，接台21线（新中横公路）可抵

公共交通
台铁二水站转往车程（水里）方向火车，于水里站下车后，搭员林客运往信义乡

加油站
新中横加油站：南投县信义乡信笔巷182-1号
电话：(049)283-1616
信义站加油站：南投县信义乡玉山路116号
电话：(049)279-1837

18:00 🍽

梅花前餐厅
当地好料　滋味"梅"妙

　　位于信义酒庄旁的梅花前餐厅，光听名字就知道是以当地盛产的梅子所做的美食，若刚好碰上餐厅旁几株梅花盛开，既可赏梅又可吃梅餐，气氛绝佳。店内提供的风味餐是将葱、胡萝卜、白萝卜、豆干等食材切成细丝，拌上梅醋酱料，再取个诗情画意的名字"踏雪寻梅"，酸甜中带有爽脆口感，十分下饭。另外，如梅酱蒸鱼、梅卤五花肉等，都深获好评。

Data

- 址 南投县信义乡明德村新开巷 11~1 号
- 电 (049)279-2498
- 时 11:00~15:00，晚餐请电话询问预约
- 费 单点 200 新台币起，合菜 2000 新台币起

20:00 🏠 🐴

顶峰民宿
淳朴无华的果园民宿

　　顶峰民宿位于海拔约 1050 米风柜斗顶端，可说是该区最高海拔的住宿点。10 年前在众人要求下，主人遂开放自己两间住房充当民宿，如果园民宿风气虽然已经在风柜斗地区盛行，但眼前辽阔的视野与远方的陈有兰溪仍是这里独有的优美景致，而户外的观景平台也可充当游客露营区。顶峰梅子园占地五六公顷，结果时期也提供民众采梅，还有脆梅DIY体验。主人自制自销多种梅子制品，像脆梅、Q梅、浓缩梅汁等，都有纯手工酿制的阿嬷传统风味。

Data

- 址 南投县信义乡自强村阳和巷 76 号
- 电 (049)279-2289
- 时 请电话预约
- 费 民宿假日 400 新台币／人，平日 300 新台币／人，露营区 100 新台币／人（提供营地与洗澡设施）；脆梅DIY150 新台币／人，采梅另计
- 注 顶峰住宿并不供餐，但附设有简易厨房

顶峰礼物

　　陈妈妈自酿的阿嬷级传统风味梅子制品，真材实料，好吃又地道。梅子 100 新台币，浓缩梅汁一瓶 200 新台币。除此之外，顶峰也有梅树盆栽供人欣赏、购买。

Day 2 🚗

10:00 ☕ 🐴

聿仙山庄
喝杯沾满梅香的高山咖啡

　　聿仙山庄天地壮阔的气势与远离尘嚣的静谧，会让人以为来到世外"梅"源。园区除了 13 棵风柜斗第一批种植的老梅树，还飘散着浓醇的咖啡香，庄主在梅树底下试种 4 年的阿拉比卡咖啡已有量产，游客来此除了赏花、采梅还多了品尝原味咖啡的享受。聿仙咖啡的特色在于香醇带甘的回韵，由于烘焙火候控制得宜，所以聿仙咖啡口感滑顺带甘，喝原味最香醇，无须添加糖与奶。

Data
- 址 南投县信义乡自强村阳和巷 77 号
- 电 (049)279-1485，0937-243-836
- 时 入住 14:00，退房 11:00
- 费 四人房梅花季假日 2800 新台币／人，平日 9 折，非梅花季 8.5 折，春季来电咨询；和式房，梅花季 600 新台币／人；非梅花季 500 新台币／人，住房供早餐，园区内另有风味中餐、晚餐

风柜斗玩赏建议

　　风柜斗的美不仅体现在梅花开或采梅期，事实上，这里一年四季各有风情：12～次年 1 月赏梅花，2 月赏桃花，3 至 4 月赏梅，5 月采桃子，5～9 月观星望斗听蛙鸣，8～10 月赏鹰、赏鸟，9～10 月采甜柿，11～次年 2 月采咖啡，因此任何时候拜访都很适宜。

12:00

喜觉支梅园梅宴工作室
品尝生活艺术家的巧艺

　　隐身风柜斗59线上的喜觉支动人的味道是来自蔡国义、古信维夫妻的巧思与创作；掌厨的古老师是风柜斗获奖无数的名厨，以少油、少盐的健康饮食为主，食材大多取自当地，至于不可或缺的各式梅汁、梅酱，都是采喜觉支园中老梅树的梅子自酿而来。古老师日常生活行程忙碌，加上食客众多，想品尝梅餐，一定要事先预约。

Data
地 南投县信义乡自强村阳和巷 2 号
电 (049)279-1115
时 11:30~14:00，（12月初至次年5 月中旬赏梅、采梅季提供梅宴，最好提前 7 天预约）
费 3 人份约 1000 新台币，由主人搭配菜色
交 "国道" 3 号竹山或名间交流道下，沿台 3 线接台 16 线往集水里，接台 21 线至信义乡转进 59 线往风柜斗，看到喜觉支入口招牌左转而下可抵

充满巧思的梅宴

　　一球看似简单宛如冰激凌的"梅酱沙拉"，是以在马铃薯泥里添加梅肉，再淋上自制的浓稠梅酱烹制而成，开胃爽口；以深海圆鳕、彩椒与梅子所搭配出来的"梅味圆鳕"，鲜甜酸比例刚好，口感极佳。而"梅花醉虾"是以中药材与醉梅烹调而成的独门梅宴料理。

14:00

坪濑一线天
巨石压顶纹丝不动

　　坪濑风景区是信义乡一处天然秘境，其中福德洞即是人们说的一线天，游客可顺着庙后方步道阶梯往下，先是见到巨石裂缝的石壁，90 度转角之后一线天景观与上方压着线尾的凌空巨石映入眼帘，这颗飞来之石古代即已存在，大地震之后仍然安稳不动，出了一线天是一片下斜约 60 度的平滑石崖斜坡，凿刻 52 级的小路与古道相连，当地人说踩踏石级的声响有空心、实心之分，下回前来，不妨试试看。

Data
地 南投县信义乡绿美巷坪濑福德洞

信义·东埔

Day1
草坪头玉山观光茶园→上安观光果园→帝纶温泉
大饭店→山猫野店烤肉区→东埔竖琴吊桥

Day2
帝纶温泉大饭店→彩虹瀑布情人谷→情人吊桥→
山之香餐厅

建议行程

尽享采摘温泉乐趣

　　被绵延玉山山脉围绕的东埔，因为距离南投其他区域较远，因此成为极佳的二日游地点，品尝山间野味、温泉、采摘等乐趣，都能使游客在远离尘嚣的山间度过惬意假期。

Day1

13:00

草坪头玉山观光茶园

品特优乌龙　赏玉山胜景

Data
📍 南投县信义乡
同富村草坪头

　　海拔约 1300 米的草坪头玉山观光茶园位于信义乡同富村，由台 21 线新中横公路旁的红色牌坊进入草坪头林道，面积约 48 公顷的绿油油的茶园便呈现眼前，林道旁樱花树成排。站在草坪头茶园可以见到玉山、阿里山、赏日出的祝山等高山，风景优美。茶园以软枝乌龙及少部分金萱为主，由于地处玉山山麓，常年气候凉爽、云雾笼罩，所生产的玉山乌龙品质极佳。沿林道分布的制茶厂大约有 20 家，每到采茶季节，园区里的制茶厂则会开放给游客体验制茶。

采茶季节

　　乌龙茶四季均可采收，大约可分 4 月春季，6、7 月夏季，9 月秋季与 11 月冬季，若气候大变，采茶时间则后延；如若天气过于严寒，4 月春茶就延至 5 月才开始进行采收。

15:00
上安观光果园
玉山脚下的美果绝景

Data

地 南投县水里乡上安村安村巷 38-2 号
电 (049)282-1158, 0938-131-923（黄添来班长）
时 7:00~16:00 请电话预约
费 请电话预约

果园位于玉山脚下，品牌也以"天山岭"称之，玉山抬头可见，景色绝妙。若想前往采摘，须事先与黄班长联络安排。果园也与邻近数家民宿合作，住宿含采摘行程，也可向黄班长询问。上安观光果园种植许多高品质蔬菜，如青葱、四季豆、敏豆等。

高品质的安全水果

上安观光果园种植芭乐、葡萄、莲雾、水蜜桃、甜柿等不同水果，不施用除草剂、农药，只将杂草割除当成基肥，并采用微生菌液肥作为肥料，为避免果蝇与虫害，水果颗颗套袋，无农药、无污染又高品质。

信义·东埔嬉游地图

上安观光果园

信义

台 21

信义乡

草坪头玉山观光茶园
帝纶温泉大饭店
东埔竖琴吊桥
情人吊桥
彩虹瀑布情人谷
山之香餐厅
山猫野店烤肉区

如何抵达

驾 车

1. "国道" 3 号名间交流道下，左转接台 3 线往名间、集集方向，接台 16 线经集集、水里，接台 21 线，在台 21 线 102 公里处左转接投 60 线道，前行约 8 公里即抵

2. 台 18 经阿里山森林游乐区至塔塔加，接台 21 线，于 102 公里处左转接投 60 线道，前行约 8 公里即抵

公共交通

台中市干城车站转搭客运至南投县水里乡（亦可于台中转搭集集线小火车，至水里站下车），于水里站搭乘员林客运到东埔（一天约三班次），因为车辆班次稀少，出发之前，最好先致电员林客运 (049)277-0041 确认正确的班次与发车时间

加油站

东埔没加油站，最好在信义乡先确认好油箱状况

17:00

帝纶温泉大饭店
洞窟式温泉造景

　　帝纶大饭店被誉为东埔最美丽的建筑，游客置身其中，绝对能感受帝纶在汤浴文化上的用心。休息时若想补充水分，别忘了来一杯帝纶有名的温泉咖啡和高山梅子爱玉冻，如果想再滋补一点，餐厅新研发的山药牛奶和雪莲牛奶口感都相当不错，食补、温泉、美景都拥有远离都市尘嚣的平静和淳朴，是在帝纶永远取之不尽的宝藏。

Data

址 南投县信义乡东埔村开高巷 86 号
电 订房专线 (049)270-1616#8，
　 传真 (049)270-1360
网 www.tilun.com.tw
时 入住 15:00，退房 11:00
费 雅致双人房 3000 新台币（需另加 10% 服务费）

美容温泉

　　东埔温泉为弱碱性碳酸泉，pH值在 7.5~8.5 之间，温泉维持在 45℃左右，不必用山泉水稀释，水质透明，可浴可饮，据说可以养颜美容。

18:00

山猫野店烤肉区
烤山猪、竹鸡山间野味

　　在东埔开业已经 9 年的山猫野店是许多老游客都知道的山产野味店，炸爱玉更是非要品尝的招牌菜，不过，野店只在周六、周日营业，平日白天，野店老板陈姐会出门卖阿嬷腌制的酱瓜、豆豉、高丽菜干、梅子等，傍晚则在东埔老街的东光路与开高巷口卖烤肉，香喷喷的烤肉香引人驻足，烤山猪肉、烤竹鸡人气最高；山猪肉的腌制香料是山上的莿葱、米酒、黑胡椒粒等，腌制 3~4 天，竹鸡腌制时间更长，约需一周。烤肉摊后备有简单桌椅，游客也可以坐下来吃。除了烤肉，再点个竹筒饭、炒高丽菜搭配小米酒，就是完美的一餐。

Data

址 南投县信义乡东埔村东光路与开高巷转口处
电 0952-375-111
时 周六、周日16:00~23:00（遇下雨休息）
费 烤山猪肉20 新台币/两，烤竹鸡100 新台币/只

19:00

东埔竖琴吊桥
五彩斑斓的彩虹大桥

　　东埔竖琴吊桥完工于 2005 年年底，位于东埔温泉区入口处的大停车场旁，吊桥全长约 195 米，是全台湾最高、最长的一座，并有步道衔接至八通关古道入口。桥面采用镂空设计，站在桥上可直视桥下溪谷，若刚好云雾飘降，置身其上便有漫步云端的感觉。由于桥面两侧及桥座两端设有七彩投射灯，每天晚上会固定开放，当光束投影在桥身时，红、黄、蓝、绿、紫等七彩便交替变换，桥身笔直的钢索染上亮眼瑰丽色彩，宛如神话里的竖琴，因而得名。

Data

址 东埔温泉区前大停车场旁

Day2

9:00 彩虹瀑布情人谷
绿荫溪涧彩虹乍现

东埔周边的瀑布相当多，彩虹瀑布便是其中一个。彩虹瀑布高度约有30米，分为两层，只要天气状况刚好，在下午一两点，阳光会在瀑布上折射出七色彩虹。从东埔温泉区走路到彩虹瀑布只要30分钟，游人常到此观赏瀑布美景，然后顺道至瀑布下方的情人谷，躲在浓荫下戏水。

Data

🚗 "国道" 3 号竹山交流道下，接台 3 丙线，往集集、水里方向到信义，接同富（台 21 线 102.5 公里），左转投 60 县道上可抵

11:00 情人吊桥
甜蜜共游有情桥

似乎是所有跟情人有关的桥，只要和心爱的人走上一回都能有美好的结局。位于东埔温泉区附近，横跨在陈有兰溪上的情人吊桥也不例外，所以即使到达情人吊桥的山路并不是很好找，但是有心的情人，不会在意稍稍迷路一下，也一定要牵着情人的手到吊桥走一回。情人吊桥的桥身被漆上鲜艳的色彩，在山谷中格外抢眼，从情人吊桥俯瞰四周的视野不错，走在细长的桥身上，常常是风吹得桥身摇摇晃晃，仿佛这桥本来就有些歪斜似的，吓得一些女生赶紧抓着男生的手，小心翼翼又甜蜜地走过吊桥。

Data

🚗 台 21 线转投 60 县道上，"国道" 3 号竹山交流道下，接台 3 丙线，往集集、水里方向到信义，接同富（台 21 线 102.5 公里），左转投 60 县道上可抵

12:00 山之香餐厅
山产野味私房菜

经营 25 年的山之香是东埔的老字号餐厅，吃得到各式山产野味如鹿肉、山猪肉、兔肉、山羊肉、高山蔬菜等。白切土鸡采用野生放山鸡，肉质鲜嫩；奶南鳟鱼以新鲜鳟鱼搭配南瓜与鲜奶蒸熟，色香味俱全；山药蘑菇汤则采巴西蘑菇、姜片、放山鸡下去熬煮，中西食材混合，味道鲜美。

Data

🏠 南投县信义乡东埔温泉 75 号
📞 (049)270-1141，0910-447-940
🕐 10:00~21:00
💰 合菜 2000 新台币

雾社·庐山

建议行程

Day1
雾社事件纪念公园→庐山公园→庐山吊桥→小境家温泉旅店

Day2
小境家温泉旅店→马赫坡古战场→庐山温泉头

拥有天下第一泉之美称

庐山是中部台湾重要的温泉景点之一，雾社的人文气息与历史背景，加上樱花林、温泉旅店，混合出特有的温泉乡风情。

Day1

14:00

雾社事件纪念公园
缅怀勇士的历史场景

雾社事件纪念公园是雾社最具人文历史的景点，为了纪念泰雅英雄莫那鲁道率领族人抗日殉难的英勇事迹而建。穿过碧血英风白色牌坊，即见莫那鲁道的雕像凛然矗立其中，四周杉木、老松参天，别有历史氛围。公园不大却清幽，沿步道行走，树间洒下的阳光、空气中充满芬多精，令人倍感舒畅。公园上方有老莫的家咖啡馆可喝咖啡赏景，附近的雾社停车场四周遍植樱树，春季时则是不错的赏樱花据点。

Data
地 南投县仁爱乡仁和路四号

16:00

庐山公园
人气温泉乡赏花趣

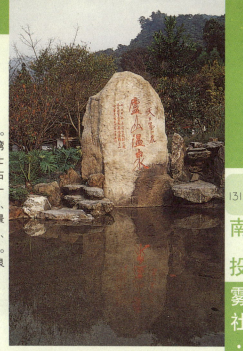

　　庐山公园（又名樱花公园）是认识庐山的开始。温泉乡位于浊水溪上游、海拔约 400 米，这处台湾中部的人气温泉乡，因被研究温泉的帝大医学博士泽田藤一郎封为"天下第一泉"而闻名。日本侵占时期日本人在此建立日警疗养所，公园内天下第一泉石碑是温泉乡的正字标记。园内栽种有樱花、杉木、肖楠，还有警光亭供旅客歇腿，春樱盛开伴随山景最是美丽。一张庐山地图，图示温泉乡景点、饭店、餐厅，是你规划行程的好帮手。此外，散步可及警光山庄、温泉地热井、商店街。

Data
地 位于庐山吊桥东岸，蜜月馆温泉饭店前

蒋公行馆

　　这栋日式风格的蒋公行馆在整修后并未开放，只能由外欣赏。事实上，温泉乡在日本侵占时期原名"富士温泉"，直到蒋介石前来且认为此地环境与江西庐山相似，方才更名。

如何抵达

仁爱乡

仁爱（雾社）

庐山

庐山温泉头
庐山公园
庐山吊桥
马赫坡古战场
雾社事件纪念公园
小境家温泉旅店

秀林乡

N

雾社・庐山嬉游地图

驾　车
1. "国道" 3 号草屯交流道下后，沿中潭公路到埔里地区，再沿埔雾公路经雾社抵庐山
2. "国道" 1 号王田（乌日）下交流道，接 14 号省道至草屯，再沿中潭公路到埔里地区，沿埔雾公路经雾社抵庐山

公共交通
先搭火车或公车至"台中干城车站"，再转搭前往埔里的南投客运可直达庐山

加油站
庐山没有加油站，需事先做好油箱检查

18:00 🐎

庐山吊桥
温泉区必访著名地标

　　庐山吊桥是庐山温泉著名地标，行人慢步通过吊桥只需一两分钟，桥下的塔罗湾溪不断冒出迷蒙的热蒸汽，充满古老温泉区的特殊韵味。因为游客进出庐山都需要经过这里，许多旅馆餐饮业者在这招徕来客，也有数家便利商店设立于此。

Data
🏠 位于南投县仁爱乡庐山温泉入口处

樱花小米麻糬

　　庐山吊桥西岸桥头简家第一代在阿里山向日本人学的技术，第二代传承并加以改良，保留小米的弹性，并调出花生、椰子、山药、草莓等多样口味。除了一般大小的麻糬，还有迷你的"一口"麻糬。

Data
🏠 庐山温泉吊桥头 16 号（莱尔富商店后方）
📞 (049)280-2527

20:00 🏠

小境家温泉旅店
野溪温泉般的日式旅店

　　日式石级引导路径打造野溪温泉的氛围，小境家温泉旅店小而美，在庐山一带非常少见，房间内采用日式风格布置，露天大众温泉池特地搬来数颗巨石，主人黄妈妈希望让大家体会到野溪温泉的气氛，只要是住宿客人就可以免费享用大众温泉池。

　　小境家的温泉也是露天的，为了夫妻或情侣的甜蜜二人世界不受打扰，情人温泉还建造约三个人高度的原木墙以保护隐私。

Data
🏠 南投县仁爱乡精英村荣华巷 37-1 号
📞 (049)280-2555
🌐 jing-jia.mmmtravel.com.tw
🕐 入住 15:00，退房 11:00；10:00~24:00
💰 平日可以露营，大人 300 新台币／人，小孩 200 新台币／人；豪华双人房平日 1500 新台币，假日 2800 新台币

Day2

9:00

马赫坡古战场
遥想昔日英雄战迹

相传庐山附近的马赫坡是抗日勇士莫那鲁道最后一场战役退守的地点。马赫坡原是指马赫坡社，是庐山地区的少数民族部落，位于目前温泉旅馆区的后山。

马赫坡社原址已经埋没在一片荒烟蔓草之中，若要寻得古战场存在的蛛丝马迹，可往仙境温泉度假村的露营区，那里有一座刻着莫那鲁道的巨石，借以凭吊逝去的勇士英风。

Data
址 位于庐山温泉区内

11:00

庐山温泉头
汤泉发源地玩水煮蛋

庐山温泉属于碳酸氢钠泉，温度高达 80℃~90℃，而发源地庐山温泉头，则位于温泉区上游约一公里处，从吊桥处步行前往，往返约需半小时。通往源头的小路沿着溪谷山壁而建，沿途热气不断自路面冒出，很有温泉乡的氛围。

由于温泉头泉水的温度很高，温泉头附近就有许多商家规划了煮蛋池，让游客体验温泉煮蛋乐趣。如果不想走远，在吊桥左右，也有许多温泉旅馆建有煮蛋池，并售有鸡蛋、鹌鹑蛋、玉米等，供游客煮食。

Data
址 位于庐山温泉区上游

清境·合欢山

建议行程

Day1
清境农场→明琴清境山庄→鲁妈妈
摆夷料理→竣悦空中花园度假山庄

Day2
竣悦空中花园度假山庄→合欢山

农场庆典体验摆夷风情

　　来到清境，漫步青青草原看马术、斗牛、赶羊精彩表演，躺卧草原看山、观星、欣赏云雾缭绕的山峦，玩乐之余，品尝摆夷餐、蔬果佳肴、高山水蜜桃，身心都能获得无比满足。

Day1

13:00

清境农场
欧洲风情世外桃源

属于高山气候区的清境，拥有全年常青的高大杉木、松树，春夏盛开的野花，自然风景美得令人窒息。清境之花玛格丽特散生在民宿小径周围，法国菊则生长在玛格丽特步道上，点点白色将它装点得犹如异国花丛之路。此外，台大梅峰农场还有珍贵的一叶兰、海芋、郁金香、叶牡丹等温带花卉，点缀以一幢幢有如童话般的欧风民宿让人仿佛置身欧洲。

Data

- 址 南投县仁爱乡大同村仁和路 170 号
- 电 (049)280-2774
- 网 www.cingjing.gov.tw
- 时 8:00~17:00
- 费 普通票价 100 新台币，团体票 80 新台币
- 交 "国道" 3 号草屯交流道下右转，沿台 14 线往雾社方向，接台 14 甲线，续行沿路标可抵

放飞蝴蝶体验活动

看完绵羊秀后，不妨往下走到寿山园的大自然生态互动式剧场，体验放飞蝴蝶活动（每日 10:30~11:00、15:30~16:00 两时段），从低温生态箱拿出来的蝴蝶呈半冬眠状态，最令人期待的是在室温下 1~2 分钟后，蝴蝶在手上苏醒的时刻。

小羊奶泡芙与铜锣烧

清境农场旅游服务中心最具人气商品就是羊奶泡芙（200 新台币 / 8 人份），香酥的小巧菠萝皮包覆冰凉浓郁的羊奶内馅，口感绵密滑顺、奶味清爽。

如何抵达

合欢山、合欢山庄
武岭
秀林乡
14甲
仁爱乡
竣悦空中花园度假山庄
鲁妈妈摆夷料理
清境农场
明琴清境山庄
14
庐山
仁爱（雾社）
N

清境·合欢山嬉游地图

驾车

1. "国道" 3 号草屯交流道下，接台 14 线经埔里、雾社，可抵清境农场
2. "国道" 3 号名间交流道下，接台 16 线经集集、水里，再转台 21 线往日月潭、埔里，即可沿台 14 线往清境农场
3. 中投快速道路或中彰快速道路接台 14 线，经埔里、雾社，可抵清境农场

公共交通

由台中干城车站转搭往埔里的巴士（全航客运、埔里巴士、南投客运），再从埔里搭乘南投客运往松岗或翠峰方向的班车即可到达清境

加油站

中油清境娜噜湾加油站：南投县仁爱乡大同村仁和路 207 之 6 号
电话：(049)292-0866

16:00

明琴清境山庄
蔬果佐餐创意午茶

可以俯瞰碧湖美景的明琴清境山庄用自家栽种的新鲜蔬果食材开发出的多样菜色，除了广受好评的灯笼果套餐，还有树番茄下午茶，清新酸甜。另外，树番茄果酱与酵素也是最佳礼物！

Data
- 地 南投县仁爱乡大同村荣光巷 43 号
- 电 (049) 280-3888
- 网 www.mg.com.tw

18:00

鲁妈妈摆夷料理
摆夷好菜香辣滋味

鲁妈妈还没开餐厅前就常在各大美食节目出现，她的摆夷菜肴以香辣出名，招牌菜色包料鱼（巴比窝）、凉拌去骨鱼辣椒都很劲辣够味，许多忠实的食客每次来清境即使大排长龙也非得吃到不可。宽敞的空间让人在满足口腹之欲时，还能看到合欢连峰的绝佳风景。

Data
- 地 南投县仁爱乡大同村博望巷 36 附 2 号
- 电 (049) 280-3876
- 时 11:00~20:00

摆夷美味

摆夷菜包料鱼 400 新台币，鱼肚内放入各式香料，以大火酥炸后用剪刀剪开，吃法是夹一小块鱼肉配着馅料咀嚼，滋味绝妙、唇齿留香。锦洒（小 200 新台币、大 300 新台币）则是各式香料辣炒碎肉，以高山高丽菜包起来像虾松的吃法，香辣过瘾。还有很多女生看了会尖叫的香酥竹虫（小 300 新台币、大 400 新台币），可是下酒好菜哦！

20:00

竣悦空中花园度假山庄
迎曦夕照视野绝佳

建在制高点的竣悦空中花园度假山庄，拥有 360 度无障碍的视野，欧式建筑外观十分大气。早起迎接合欢群峰的晨曦，静看透在云海中的橘光从朦胧到明亮；傍晚欣赏完落日余晖映照云彩流动，才依依不舍地去用晚餐，依着美好的大自然而作息，可说是人生一大享受。

Data
- 地 南投县仁爱乡大同村仁和路 228 号
- 电 (049)280-3388
- 网 www.junyue.com.tw
- 双人房平日 2800 新台币起

Day2

9:00 🐴
合欢山
最高也最美

　　位于太鲁阁"国家公园"境内的合欢山是台湾内最佳赏雪景点。合欢山比起其他陡峭高山交通方便、易达性高，只要一降雪，游客就能很快到达，加上周边旅游景点丰富、住宿选择多，每到雪季时，台14甲公路沿途就被出游民众挤满。从清境到合欢山车程一个多小时，最好早点出发。另外，清境至合欢山公路号称全台最美的高山景观道路，不管是路径转弯弧度、路旁的护栏颜色，还是连绵的箭竹原、缤纷高山野花，都风格独具。

Data
📞 (049)280-2732（合欢山庄）
🌐 recreate.forest.gov.tw（"国家"森林游乐区）

高山杜鹃初夏迎宾

　　每年5、6月，色彩艳丽的高山杜鹃替合欢山森林游乐区揭开赏花序幕。合欢山区的杜鹃花，主要品种为森氏杜鹃、玉山杜鹃、红毛杜鹃三大类，分布甚广。沿着14甲公路缓缓行驶，陡峭山壁上零星怒放的森氏杜鹃首先登场；而花季重头戏则由玉山杜鹃挑大梁，从5月底开始便在昆阳、小奇莱、石门山、主峰、北峰等地灿烂盛开，其中又以合欢山东峰东北侧山坡最为壮观，整片花海姹紫嫣红，令人动容；紧接着上场的红毛杜鹃在台14甲线鸢峰、翠峰路段、北峰绽放粉色花海，持续到6月上旬，为花季画下完美句号。

风景绝美的武岭

　　武岭是台14甲公路最高点，介于南投县与花莲县之间，沿台14甲线往合欢山方向路标可达。这里地势高、景观佳，天气晴朗，可观合欢群峰高山美景，此外从武岭登山口攀登合欢山主峰，也只需要半小时左右。

　　清境到武岭路段，过鸢峰后，上坡道路弯度大且较为狭窄，路况也常受地形气候影响，雨季常见落石，加上山区常有浓雾，能见度不佳，行车速度不宜过快。此地与山下有5℃~8℃温差，就算是夏季前往，也要注意携带保暖衣物。

Part 4

彰 化

小吃特产爱不释口 古迹庙宇访古祈福
140 彰化市

彰化地图

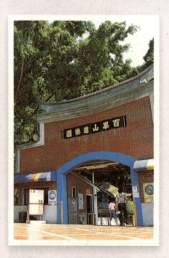

尝遍百果酸甜滋味
144 员林·芬园·大村

花田古宅 乡园风光
148 花坛

古迹民俗小镇采风行
152 鹿港

彰化和云林以浊水溪为分界线，溪以北的彰化古称"半县"，原为平埔族半线社游猎之地，清朝定名为彰化。彰化是台湾开发得相当早的地区，彰化县鹿港镇在清乾隆年间就担任台湾西海岸泉州市货物进口和台湾稻米农产出口的转运站，因此不仅带动文化艺术的兴盛和人口的增长，还发展了多种闻名全省的风味小吃。

田园古厝骑车寻宝乐
168 二水

花间骑车芬芳乐活
164 田尾·埔心

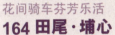

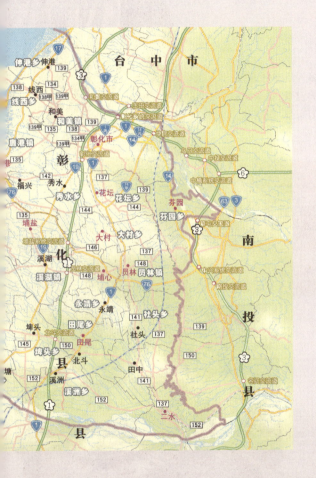

畅游芬芳香草美乐地
156 埔盐·鹿港

台湾酒窖品葡萄酒
160 二林·芳苑

彰化市

小吃特产爱不释口
古迹庙宇访古祈福

彰化小吃名闻千里，传统小吃不仅种类多，且多数是代代相传，以彰化肉圆为代表，凉圆、苔条花生、肉包李、猫鼠面、黑肉面等美味的小吃实在多得不胜枚举。一边满足口腹之欲，一边走访彰化的名胜古迹，是悠闲度过假期的不二选择。

建议行程

Day1
永乐形象商圈→孔庙→黑肉面→山水和风雅致休闲汽车旅馆

Day2
山水和风雅致休闲汽车旅馆→八卦山大佛风景区→ C-119 咖啡

Day1

14:00
永乐形象商圈
彰化市的西门町

穿过永乐街形象商圈的牌楼，街道两边竖立着崭新典雅的艺术街灯，人声鼎沸，感受到的是一股青春活泼的气息，如同台北西门町一样，是年轻朋友聚集的场所。

永乐街形象商圈原本是摊贩云集的夜市，经过政府大力整顿后，商家生意一落千丈，于是几年前向县政府积极争取后重新规划为形象商圈，以时髦崭新的风貌重新登场。在商圈的道路两旁有服饰店、鞋店、精品店、小吃店，还有许多稀奇古怪的店家，只要留心，就可以淘到价格比原产地及大都市都便宜的相同货品，如何淘宝，就看你的眼力如何了！

Data
🚏 彰化市永乐街

17:00

孔庙
清幽古迹发人深思

　　坐落在彰化市区热闹的街道上，建于 1726 年的一级古迹孔庙显得相当突出。彰化孔庙是清代台湾学宫体制最完整的学府，曾经是中部文教发展的重要地点。四大书院之一的白沙书院设于此处，可惜在日本侵占时期因街道拓宽而被拆除，不过目前仍保有大成殿、崇圣祠、棂星门等线条优美的建筑，而且存放着许多清代的古物。平日游人不多，气氛幽静的孔庙是一处值得细细品味的文化瑰宝，目前大门只有在特定节日才会打开，平常只得沿着标志由侧门进入。

Data
地 彰化市孔门路 30 号
时 8:00~17:30

18:00

黑肉面
简单美味真功夫

Data
地 彰化市孔门路 15 号
电 (04)722-1058
时 10:00~19:30
费 黑肉面 35 新台币，排骨饭 55 新台币

　　位于孔庙附近的黑肉面传承至今已是第四代。黑肉面命名跟食材无关，由于创始人一脸黝黑，人家就戏称他为"黑肉仔"，所煮的面便被叫作黑肉面。这里的招牌菜是卤排骨饭，由于需求量大，店里每天安排 2~3 人专门处理排骨，然后由老板将排骨先炸过之后再卤。看似简单的动作，其实需凭经验把时间、火候控制得恰到好处，才能将排骨的鲜美留在里面，香嫩多汁的卤排骨佐以自制的酸菜，口感极佳，已经成为黑肉面的招牌菜了。

如何抵达

驾　车
1. "国道" 1 号南屯交流道出口，转台 74 线牛埔交流道，再沿台 74 甲线（彰化东外环道）可抵
2. "国道" 3 号草屯交流道下交流道，沿台 14 线转彰 60 乡道可抵

公共交通
1. 台铁彰化站下即抵
2. 统联、国光客运等 "国道" 客运直抵

加 油 站
中油中山路站加油站：彰化县彰化市中山路二段 396 号
电话：(04)722-4496
福懋仁爱加油站：彰化县彰化市金马路一段 269 号
电话：(04)723-2800
统一精工加油站：彰化县彰化市大埔路 221 号
电话：(04)713-5761
台亚台凤加油站：彰化县彰化市彰南路三段 520 号
电话：(04)738-7802

20:00 🏠

山水和风雅致休闲汽车旅馆
奢华的汽车旅馆

　　山水和风雅致休闲汽车旅馆走的是简约奢华风，有奢华迪拜、神秘印度、浪漫巴厘、内敛东方等专属房型，一房一泳池，风格独树一帜。充满异国风情的空间加上挑高的设计，让旅客充分享受解压的舒畅感。

Data

(址) 彰化市仑平南路 520 号　(电) (04)761-6520
(时) 入住 19:00（假日 20:00），退房 12:00
(费) 平日特价 2200 新台币起，假日特价 2800 新台币起

Day2 🚗

9:00 🎠 🍴

八卦山大佛风景区
彰化市最知名地标

　　八卦山海拔约 230 米，又称八卦山台地，彰化县政府致力于大佛景观区的整建开发，如今此处不仅是当地人运动散步的好去处，更是令游客耳目一新的好去处。

　　八卦山大佛是风景区内最具特色的地标是高约 24 米的佛像，从远处即可见其威严的佛身，走进内部的回旋梯，可以俯瞰整个彰化市街景。佛像外有藏经阁及文物展览室，旁边围绕着环山步道，沿途则有浓密的相思树林。大佛周边还有抗日纪念碑公园、古炮、C119 游憩公园、地理景观步道以及水景公园。

　　水景公园结合银桥飞瀑、戏水登山步道及儿童戏水区，处处流露出自然秀丽与乡间情趣。水景公园隐身在浓密的绿荫之中，即使玩耍戏水一整天也不怕日晒，入夜后银桥飞瀑五颜六色，缤纷耀眼，是情人约会的最佳地点。

公园杏仁露
酸甜冰凉
入口即化

　　八卦山下文学步道入口处有个外形古老质朴的可爱小摊子，卖着按古法炼制的杏仁露，老板陈先生不知不觉一卖就是 40 个年头，杏仁露加上陈年紫苏梅，一入口便化为阵阵的冰凉与酸甜。

　　为了做出杏仁甘醇的香味，54 岁的陈先生必须每天花 15 小时左右炼制，由于准备时间长，必须和老婆轮班工作。陈先生的杏仁露虽只是一个小摊位，但仍坚持采用深海不受污染的石花菜来凝结杏仁露，并不添加防腐剂或任何香料，让游玩八卦山的人们和登山者多了一份沁凉安心的美食。

Data

(址) 彰化市八卦山下（文学步道前）
(时) 19:00~23:00
(费) 杏仁露 30 新台币，杏仁水果露 40 新台币

彰化凉圆
柔弹口味 凉人肠胃

位于八卦山左侧南郭路上的彰化凉圆做了 40 多年，虽然名气不如肉圆响亮，但是冰凉香弹、不烫嘴的凉圆格外爽口。由于风味特殊，使得不打广告的彰化凉圆在食客的口耳相传下，渐渐打响知名度。

不同于油炸的肉圆，彰化凉圆是以炊蒸的方式处理，外皮与内馅和肉圆差不多，采用番薯粉与猪后腿肉和香菇为材料，经过 15 分钟左右的炊蒸，再送入冰箱冰过就完成香弹嫩滑的凉圆了。冰凉后的凉圆，外皮像果冻一样弹软，香菇肉馅汤美味鲜，在白酱油和蒜香的巧妙搭配下，入口即融，醇厚的香辣味与新口感让人越吃越舒爽。

Data

地 彰化市南郭路一段 182 号
电 (04)724-4810
时 8:00 开始
费 15 新台币 / 份

彰化肉圆
从皮到蘸酱都令人爱不释口

彰化肉圆是彰化历史最悠久的口碑老店。老板杨必端说，彰化肉圆好吃的秘诀在于"肉圆的皮够弹性"，基于这点，杨必端精心选用价位较高的土产番薯粉，且必须在一定的季节购买。至于肉圆蘸酱，不仅按古法制作，杨老板还研发出 6 种植物添加在里面，不仅口感好，还很健康。

熟悉彰化肉圆的客人除了吃肉圆，还不忘舀上几碗汤，这里的汤是用大骨加蛤仔、笋子、干贝汁与柴鱼等熬煮而成，配上香弹的肉圆，真是人间美味。为了让老字号的信誉屹立不摇，杨老板秉持传统精神并不断开发新口味，如蛋黄肉圆、干贝肉圆等，不过为了维持品质，每天仅做 600~700 个，卖完就只能望锅兴叹了！

Data

地 彰化市陈棱路 203 号
电 (04)722-7868
时 11:00~20:00（每月第一、第三周星期一公休）
费 香菇肉圆 30 新台币

木瓜牛乳大王
吃得到喝得到真材实料

做一碗清凉爽口的红豆牛奶冰需要多少学问呢？老板得意地表示，慎选红豆是首要条件，本土产的红豆虽然比较贵却比大陆产的来得香，煮过的红豆必须粒粒浑圆饱满，皮不能掉，看起来也不会烂烂的，吃进嘴里便是又弹又香。为了维护品质，煮红豆的重责大任老板绝不推给他人。

此外，木瓜牛乳大王的木瓜牛奶，由于点的人太多，每天都必须进新鲜的木瓜。只加牛奶不加水的木瓜牛奶，打出的果汁果然是浓郁甘醇，而且保证新鲜，入喉之后香气会弥漫在唇齿间久久不散！

Data

地 彰化市中华路 37 号
电 (04)724-9840
时 10:30~24:30
费 红豆牛奶冰 35 新台币，木瓜牛奶 40 新台币

16:00

C-119 咖啡
尽拥八卦山浪漫夜

Data

地 彰化市八卦山风景区内
电 (04)728-4003
时 6:00~24:00
费 各式咖啡花茶 80 新台币起

1958 年 C-119 从美国来台服役，担任运输、空投、救援的任务，1986 年退役后，走过历史的 C-119 运输机从此就一直停驻在八卦山停机坪上。游客在白天开放时间（9:00~17:30，周一休息）可以自由进入 C-119 机身参观，感受它的昔日风华，机身内悬挂着 16 幅飞机出勤时的珍贵照片，有时会有退役飞行员义务解说。傍晚，当夕阳悄悄染红天边，坐在机翼下露天咖啡座的人们也越来越多，原来这个角度可以尽览彰化市美丽夜景，当火红天边换上繁星点点，山风加上香醇的咖啡香和音乐，八卦山的浪漫月夜才正要揭开序幕呢！

员林·芬园·大村

尝遍百果酸甜滋味

　　彰化员林向来以产蜜饯闻名，尤其是百果山蜜饯更是名声在外。游客可以将中意的咸酸甜打包带到百果山风景区边看夜景边慢慢品尝，或转往大林葡萄园区吃葡萄，享受酸甜滋味。另外，大村的葡萄园、芬园的生态游都是旅游新亮点！

Day1
百果山风景区→黑竹园食品→蜜饯八宝圆仔冰→员水路买蜜饯→正老牌米糕谢→升财丽禧酒店

Day2
升财丽禧酒店→八卦山昆虫生态休闲农场→芯园人文咖啡馆→采紫龙珠葡萄

建议行程

Day1

14:00

百果山风景区
晨昏夜晚风貌皆美

Data
址 彰化县员林镇出水里出水巷 12 号

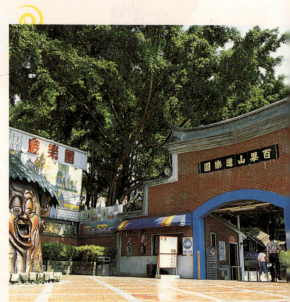

　　百果山风景区是八卦山脉的一部分，风景区内有果树花木和人工休憩设施。从员林镇员水路进入后，可看到莲花池、喷水池、儿童乐园，当地人多沿着风景区后山登山健身，每天清早或傍晚，登山者沿着两百坎、三百坎、四百坎（当地人称阶梯为"坎"）往山里走，步道沿途绿荫围绕，环境清幽。到了晚上，山上的土鸡城开张，许多游客纷纷上来边赏员林夜景，边吃山鸡野菜。到了假日，这里更是热门的看夜景胜地。

16:00 黑竹园食品

男生女生都爱吃的鸡脚冻

Data

址 彰化县员林镇员水路 1 段 676 巷 12 号
电 (04)831-3929
时 6:00~21:00
费 现购鸡脚冻 1 盒 150 新台币 / 斤、订购鸡脚冻 1 盒 160 新台币 / 斤

员林镇员水路一直往百果山的方向走，多是蜜饯工厂和土鸡城的招牌，黑竹园鸡脚冻的店招穿插在这些招牌中，感觉有点格格不入，但是很多到彰化的游客，会特别绕到这里，买一盒黑竹园鸡脚冻啃几个解馋。黑竹园食品包括鸡脚冻、鸡翅冻、鸭翅、冷猪脚，当家的美食——鸡脚冻特别选用 CAS 认证的新鲜鸡脚，加入多种中药制成，这道传自清宫的美食，含有丰富钙质，尤其是其中的一味中药——罗汉果，具有净化的功效，加上鸡脚冻是防老、美容的圣品，吃起来又爽口不油腻，难怪晚上到百果山区赏夜景吃黑竹园鸡脚冻的男生和女生络绎不绝！黑竹园食品强调当日现做，不加防腐剂，现买现吃最好，如吃不完，冷藏的保鲜期限只有 5 天。

17:00 蜜饯八宝圆仔冰

20 新台币吃到八味真材实料

员林镇光明街就像员林镇上的夜市一样，镇上店家开得最晚的地方也多集中在此，而名为蜜饯八宝圆仔冰的冰店在中午开门前，就已经有人等在店门口，细看许多员林人点的，正是蜜饯八宝圆仔冰。蜜饯八宝圆仔冰的材料有脆圆、圆仔、凤梨、红豆、花豆、绿豆、花生、地瓜共八种，结结实实地盛满一碗才 20 新台币，吃起来冰凉不甜腻。这家做了几十年、看似不起眼的小冰店，从选材料到烹煮的制作过程相当冗长，且要求严格，让吃冰的人绝对放心。

Data

址 彰化县员林镇光明街 216 号
电 (04)833-6245
时 12:00~23:00
费 蜜饯八宝圆仔冰 25 新台币

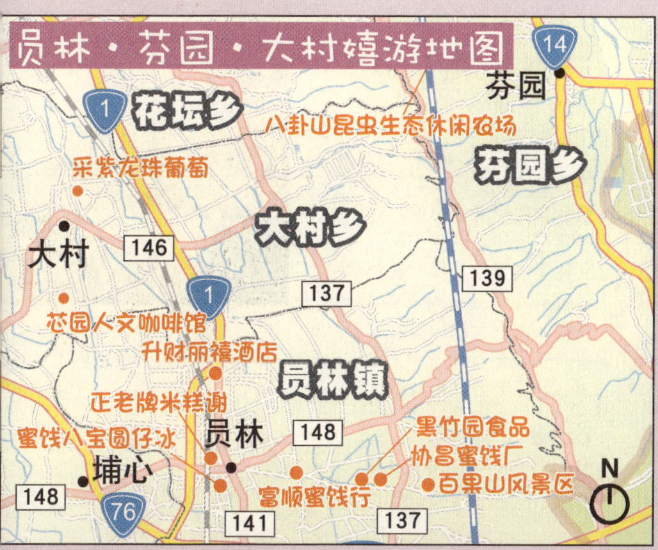

如何抵达

驾车

1. “国道”1 号王田下交流道，往彰化市途中，遇彰兴路左转，往草屯（中兴新村）方向行驶可抵芬园
2. “国道”1 号员林交流道下，往东约 6 公里可至员林

公共交通

1. 彰化客运自彰化市火车站或由草屯、南投皆可抵芬园
2. 台铁员林站下车，或搭乘国光客运、员林客运、彰化客运皆可抵员林

加油站

桥头站加油站：彰化县员林镇中员集路一段 46 号
电话：(04)872-1990
福懋中山加油站：彰化县员林镇中山路一段 616 号
电话：(04)839-8817
T-UP 社口加油站：彰化县芬园乡复兴路 58 号
电话：(049)252-2699
芬园站加油站：彰化县芬园乡彰南路 4 段 354 号
电话：(049)252-2244

17:00

员水路买蜜饯
卫生放心的咸酸甜滋味

员林全年少雨、日照充足，附近水里、东势、梅山把盛产的水果运到员林晒干，员林蜜饯业由此发达，尤其是到了员水路，更是走个三五分钟就可看到老牌的、新开张的蜜饯行。

富顺蜜饯行

员林镇的蜜饯业者近年为扭转大众认为蜜饯制作过程不干净的观念，大力修改产程，以符合卫生标准，其中的老字号富顺蜜饯行，则是严守此信念的老牌蜜饯厂之一。富顺蜜饯行在员林做蜜饯已经40多年，工厂就在门市附近，身体相当硬朗的老板娘，皮肤黝黑，老板娘笑说："这是早年晒蜜饯晒出来的！"富顺蜜饯行装蜜饯的圆桶用的还是橘红色的塑料桶，蜜饯礼盒还是红红花花的旧式礼盒模样，从老板娘的手里接过礼盒，让人有回到旧时代的感觉；尽管富顺的装蜜饯柜子还是从前款式的玻璃柜，但做出来的蜜饯品质绝对符合现代标准。

Data
- 址 彰化县员林镇员水路 2 段 364 号
- 电 (04)8321269
- 时 7:00~22:00
- 费 蜜饯礼盒 100 新台币/盒（可自行搭配口味）

协昌蜜饯厂
吃得新鲜的蜜饯行

在员林镇员水路上密集的蜜饯行中，协昌蜜饯厂新颖的门市吸引许多远道游客来买蜜饯，协昌的门市虽然才开店 2 年多，但是蜜饯工厂却已经做了 20 多年。协昌蜜饯厂自产自销的蜜饯，在门市都可以买得到，像绿茶梅、苏州梅、绍兴梅、柠檬片等，各种想象得到的蜜饯全放在整齐的瓮中。此外，协昌也开发了具有新鲜感的咖啡梅，融合咖啡香和梅子的酸味，吃起来嘴里还留有咖啡香和淡淡梅子味！如果爱吃蜜饯一定要尝尝协昌的芭乐干，协昌的芭乐干用的是新鲜芭乐再加上特殊腌渍法，让芭乐干吃起来香味浓厚，还有弹牙的口感。

Data
- 址 彰化县员林镇员水路 1 段 256 号
- 电 (04)838-4889
- 时 9:00~21:00
- 费 各式梅子蜜饯 100 新台币/斤，杜果干 140 新台币/斤

18:00 🍴

正老牌米糕谢

正老牌米糕谢在员林第一市场周边专营米糕已超过两代，他们的米糕采用田中出产的浊水长糯米焖蒸而成，口感特别香弹。上层淋上特制的卤肉汤酱，佐以爽口的小黄瓜，滋味香浓

与清爽兼具，每到用餐时间，总是人潮汹涌。店内除了米糕，还有肉羹汤、烧肉、香肠等，都是当地人必点的美味。

Data
- 址 彰化县员林镇民生路 70 号
- 电 (04)8359936
- 费 米糕大 40 新台币，中 30 新台币，小 20 新台币

20:00 🏠

升财丽禧酒店
顺游便利的住宿选择

距离高速公路、中投快速道路只要 15 分钟车程的升财丽禧酒店，由于交通方便，邻近中部各县市，早已是到中南部游玩的人住宿的最佳选择。升财丽禧酒店拥有百间国际级标准的客房。住宿的人可享有早餐、水果、免费停车及套餐折价券，对于要往中南部旅游又讲究住宿品质的人，这里无疑是相当划算的住宿选择。

Data
- 址 彰化县员林镇中山路 2 段 395 号
- 电 (04)833-3999

Day2

10:00
八卦山昆虫生态休闲农场
最佳昆虫生态教室

拥有丰富原始植物林的八卦山昆虫生态休闲农场，以完整呈现昆虫生态为理念，设有蝴蝶馆、幼虫馆、昆虫馆等区域，展示多种培育生物与保育原生植物。其中蝴蝶馆最值得一看，网育区是人工复育特定蝶种的网室，蝶种目前有数十种之多，通过幼虫展示室的玻璃展示柜可见毛毛虫或蛹，户外则培养蝴蝶喜欢的食草和蜜源植物，主人表示3月中旬紫斑蝶将大群从南部飞至此交配产卵，届时八卦山将成为这些娇客的栖所，景象十分壮观。

Data
- 地 彰化县芬园乡旧社村大彰路五段 51 号
- 电 (04)787-0851
- 网 www.butterfly-farm.com.tw
- 时 周一至周五参观需预约，周日 10:00~22:00
- 费 入园费 100 新台币

12:00
芯园人文咖啡馆
蔬果营养大餐

近年转型经营精细农业的芯园教育休闲农场占地 1 万多平方米，主要生产水耕蔬果，其中人文咖啡馆以自种的新鲜蔬果食材，加上女主人的好厨艺，研发出零负担、营养健康的多种蔬果佳肴，其中番茄、南瓜养生火锅是招牌菜色，瓜果泥、洋葱加上数种中药熬出鲜甜浓郁的汤底，加上当日配送的温体猪肉、应季蔬菜等特选材料，破除一般养生料理食之无味的刻板印象，带给人视觉、味觉上的惊喜。

Data
- 地 彰化县大村乡加锡村加锡 1 巷 1 之 1 号
- 电 (04)852-6637
- 网 education-farm.tacomall.com.tw
- 时 平日 9:00~22:30，假日 9:00~22:30
- 费 养生南瓜火锅 250 新台币，南瓜蔬果卷 100 台币

Data
- 电 (04)722-2151 彰化县政府农业局

14:00
采紫龙珠葡萄
甜中带酸放心滋味

每到 6、7 月份葡萄盛产期，经过大村乡很难不被硕果累累的葡萄所吸引，这里的葡萄品种属于巨峰葡萄，都采用精细农业栽培方式，并使用有机肥料施肥，然后将每串葡萄用纸袋作套带处理以避免其他污染，所以不用剥皮也可以放心地送入口中。大村乡的果农叮咛挑选葡萄的游客，选葡萄时要先看外观，每串葡萄在 30~35 粒、颗颗葡萄果粉均匀、果皮有弹性、种子越硬越好，把握这些原则，即可挑中甜中带酸、成熟度适中的极品葡萄，欲观光采果可咨询彰化市政府农业局。

花坛

花田古宅 乡园风光

在向日葵花田中矗立的三春老树，正是让花坛乡一举成名的景点，至今那闲适的乡间景致，仍是来到花坛不可错过的风光。台湾民俗村中小贩推着自行车沿街叫卖芋头冰的情景，以及国泰制茶厂的茉莉香气都可成为印刻在旅游相簿中的美好回忆。

建议行程

Day1
台湾民俗村→景山厅→啸月山庄
Day2
啸月山庄→虎山岩→国泰制茶厂→三春老树休闲农园

14:00

台湾民俗村

穿越时空逛逛老城镇

Data
地 彰化县花坛乡湾雅村三芬路 360 号
电 (04)787-2029
网 www.t503.com.tw
时 平日 9:00~17:00，假日 8:30~17:00

位于彰化县花坛乡的台湾民俗村，占地约 52 公顷，藏身于山谷中。园区以历史、古迹、民俗、游乐休闲为主，以昨日台湾与今日台湾为两大设计主题，尤其是昨日台湾部分，将 300 多年前人们在岛上生活的足迹陈列展示，随着历史演变，从中可大概了解美丽宝岛的身世。

台湾民俗村的精神象征——庆丰门，原是仿照古彰化西门城楼而建，也是清朝时台湾最雄壮精美的城楼之一。穿过此城门便踏入台湾小镇的过往岁月中，三合院的农村景象，配上巷口的大榕树，小摊上捏面人、打陀螺、竹蜻蜓——原来童年的小玩意并没有消失过，只是来到这儿躲起来了。

在这古老巷弄中，仿建的鹿港不见天街最能引起游客的好奇心——家家户户相连而建，隔壁的老王与对面的老陈，开个窗户就能天南地北地聊个痛快，还真让人羡慕当时农村的温馨情谊。这边有座宗圣宫，庙前广场在假日则挤满了欣赏民俗技艺的游人，其中包括布马阵、踩高跷、戏曲表演与难得一见的小吃制作活动。

稻香阁

在台湾民俗村内有个红瓦砖墙的小吃市集稻香阁，游客在园区逛累了，皆会来到此歇脚顺便品尝家乡小吃。台湾小吃种类多又味美，如古早味肉粽、新竹贡丸汤、担仔面。点满一整桌，大伙吃得乐开怀。除了熟食有多样选择之外，夏日的冰品像手工爱玉、仙草，再加上大碗锉冰与糖水，分量刚好、甜味十足，让人暑气全消。稻香阁周边店家则出售一些早期民生用品，它们挂着"矸仔店"的招牌，用最古老的店头海报吸引游客的目光，酒足饭饱后当然也别忘了挑些纪念品带回家。

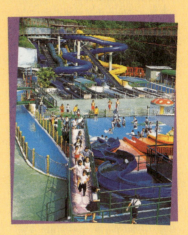

哈酷水上世界

夏天一到，这里就成了整个园区最热闹的地方，哈酷水上世界占地6000多平方米，有多条滑水道。"天崩地裂旋风滑水道"绝对让游客感受到急速狂飙的快感，乘坐"任你狂飙闪电滑水道"，人"咻"的一声就不见了，非常刺激！如果你担心有损仪态，那就坐在泳圈里随着水流享受游河情趣。

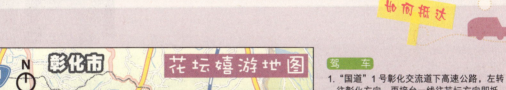

如何抵达

花坛嬉游地图

驾　车

1. "国道"1号彰化交流道下高速公路，左转往彰化方向，再接台一线往花坛方向即抵
2. "国道"1号接中彰快速道路往花坛方向，下花坛交流道

公共交通

1. 台铁花坛站下车即抵
2. 台铁彰化站下车后，改搭彰化客运可抵

加油站

花坛加油站：彰化县花坛村中山路一段384号
电话: (04)786-2004
胜中加油站：彰化县花坛乡花坛村中山路1段311号
电话: (04)786-0888
台大花坛加油站：彰化县花坛乡中山路一段68号
电话: (04)786-5428
胜太加油站：彰化县中山路一段218号
电话: (04)788-0026

18:00

景山厅
美味精致料理

　　位于啸月山庄一楼的景山厅提供游客精致的美食。每道菜肴除了味道正，在手工方面也颇为用心，花雕、干冰、烈火器皿都增加了菜肴的美观性。餐厅设计采用中国风，大红桌巾、木雕桌椅和菜肴相得益彰，这边的美食是十足的台湾口味，咸味与甜味都非常重，再配上夏天清凉圣品——啤酒，绝对让客人吃得过瘾。其中有些当地特色菜，像香酥野姜花，就采集新鲜野姜花来清炸，金黄色外观再蘸上椒盐，口感脆又清爽。而石莲花长得像芦荟富含胶质，当地吃法是不需经过任何工序，直接蘸甘草粉、蜂蜜吃，不管是当零食还是正餐食用都美味又特别。

Data
🏠 台湾民俗村啸月山庄 1 楼餐厅

20:00

啸月山庄
清幽山谷典雅居

Data
🏠 彰化县花坛乡湾雅村三芬路 360 号（台湾民俗村内）
📞 (04)787-2029
💰 3300 新台币起

　　啸月山庄因位于台湾民俗村内，所以每当夜幕低垂时，四周被树丛与环山包围，别有一番乡野情趣。半夜睡不着，打开窗户或选择到园区内散步，没有灯光的天空星星点点，感受夏夜晚风，这才是度假的最高享受。

　　啸月山庄外观采用闽南式建筑风格，造型典雅，红瓦白屋藏身在绿树山峦中，充分流露台湾的建筑之美。啸月山庄共有客房 132 间，设施包括中西式餐厅、KTV、益智游乐室、会议室等设施。进入山庄内，挑高的大厅气势非凡，而服务品质与设施都具有一定水准。

Day2

9:00 虎山岩
三级古迹悠闲情

花坛乡八卦台地西北麓，其周遭山势形似卧虎，因此境内岩竹村有座佛寺名为"虎山岩"。虎山岩建于1747年，供奉观世音菩萨，为三级古迹，周遭则规划为虎山岩游憩区。除了虎山岩庙之外，后面大片山坡为登山踏青者的最爱，旁有旅游服务站，展出虎山岩历史、宗教民俗器具、重要祭祀活动等珍贵资料。

虎山岩庙前广场有两棵古树，非常雄伟壮观，也是当地居民休憩集会场所。而庙旁的双石虎卧伏洞口石像，则忠实地传达该庙的悠久历史。虎山岩周遭的景色秀丽，从清代开始即有"虎山听竹"之美誉。

Data
址 彰化县花坛乡岩竹村虎山街1号

11:00
国泰制茶厂
品茉莉花清香

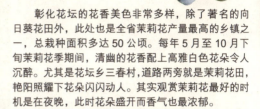

彰化花坛的花香美色非常多样，除了著名的向日葵花田外，此处也是全省茉莉花产量最高的乡镇之一，总栽种面积多达50公顷。每年5月至10月下旬茉莉花季期间，清幽的花香配上高雅白色花朵令人沉醉。尤其是花坛乡三春村，道路两旁就是茉莉花田，艳阳照耀下花朵闪闪动人。其实观赏茉莉花最好的时机是在夜晚，此时花朵盛开而香气也最浓郁。

制作茉莉花茶有40多年经验的主人顾国玮表示，茉莉花茶须采茶叶100斤、茉莉花30斤，将两者混合使茶沾染茉莉香味，经过一夜发酵，将茉莉花挑出烘干，茉莉花与绿茶即可分别包装出售。老板还特别指出，茉莉花采收都是挑选含苞待放的花朵，采集下来后静放着，花会自然盛开，而在树上盛开的茉莉花反而不适合采收制作花茶。

Data
址 彰化县花坛乡三春村彰员路一段439号
电 (04)787-9750

12:00
三春老树休闲农园
多样活动风味餐

Data
址 彰化县花坛乡长春村油车巷271号
电 (04)786-0779
网 www.schun.com.tw

在彰化县花坛有棵著名的老茄苳树，游客常被吸引来此游历，但周遭没有休憩玩乐的场所，因此在1991年年底，花坛乡的农业产销班便在旁边成立三春老树休闲农园。农园占地约4公顷，除了美食与室内外庭园餐厅之外，还提供游玩的场所，包括睡莲池、果园区、向日葵花田、烤肉区、茉莉花迷宫、鸵鸟区、青蛙与泥鳅池。

游客来到三春老树农园，先来到睡莲池，好奇地欣赏各品种睡莲的姿态，但不一会儿就被旁边的百香果绿色长廊给吸引住，穿过长廊是个种满当地品种的农产区。走出果园区，一旁的数只鸵鸟让小朋友惊叫连连，而盛开的向日葵花田，正向着阳光微笑，游客可钻入花田带走最美的花朵，小朋友也可在此体验钓青蛙、捉泥鳅的乡间野趣。体验过农园里的各种活动之后，走进宽敞舒适的餐厅，坐在窗边让阳光洒在身上，品尝当地著名的茉莉花菜肴，悠闲的夏日午后，品尝清凉美味菜肴，让暑气得以舒缓。

三春老树

这棵老茄苳树不仅是当地精神象征，也曾多次在戏剧、广告中露过脸，完美的枝干配上茂盛的枝叶，给人以祥和与希望。当地有个传说，因为这棵老树生长在田埂路上，有位农夫觉得不方便，就拿着锯子试图将树锯掉，锯到一半天黑了便回家休息，隔天再去发现锯过的痕迹竟然不见了，农夫以为自己眼花，又锯了一次，当天晚上睡觉梦到一个老者拿拐杖敲他的头，隔天再去看老树，伤口又愈合了，吓得农夫不敢再对这棵老树动手了！

鹿港

古迹民俗小镇采风行

　　清中叶台湾史上"一府、二鹿、三艋舺"的记载道尽了鹿港昔日的繁荣盛况。走在曾经是众商云集、千帆竞飞且人文荟萃的地方，感受街道的繁华，层层重叠的屋檐遮盖了大街小巷（今中山路一带），遂有"不见天街"的称号。该地遗留下的富丽堂皇的文物古迹、精致传统手工艺以及别具风味的小吃与茶点都大受游客喜爱。

建议行程

Day1
文武庙→鹿港民俗文物馆→龙山寺→振味珍肉包→立德文教会馆

Day2
立德文教会馆→天后宫→九曲巷→辉弘蚵仔煎／东华号面茶→巧昕传统手缝→玉珍斋饼店

14:00 **Day1**

文武庙
鹿港文化的摇篮

　　占地宽广、环境幽雅的文武庙坐落于鹿港街道东面的清云路上。文武庙包含了文开书院、文祠与武庙，因为兴建时正当鹿港全盛时期，原始构筑十分瑰丽宏伟。

　　文开书院的书房，在清道光至光绪年间，出了六位进士、九位举人以及一百多名秀才，成为当时鹿港文化的摇篮。武庙中供奉关羽，身旁还有英挺健壮的赤兔马相伴。此外，文武庙中的瓶形门、文祠入口两侧墙壁上的鹿港近代名家书法作品，以及号称蓬莱第一泉的虎井，也吸引了不少游客的目光。

Data
🏛 彰化县鹿港镇青云路2号

15:00

鹿港民俗文物馆
陈列鹿港古风的巴洛克式建筑

从中山路和兴派出所旁进入巷道，经过瓮墙后再往前直行，出了巷道即可见到这座肇家于日本侵占期兴建的古意盎然仿巴洛克式的建筑。

民俗文物馆分成A、B、C三馆，A馆是西式洋房，有2层楼共14个展示室；B、C馆是旧式房舍，B馆是二层式木质建筑，与C馆古风楼仅以一个天井相隔。A馆前有一个中式庭园陈列了许多展品，右庭摆设有陶器，左庭则有糖榨蔗石磨、石臼、秤量锤等工具，天井内陈列农作器具，展现了中国农业社会勤俭朴实的原始风貌，与西式洋楼的豪华气派外观呈现出截然不同的风貌。

Data
- 址 彰化县鹿港镇中山路 152 号
- 电 (04)777-2019
- 时 9:00~17:00，星期一休馆
- 费 全票 130 新台币，半票 70 新台币

16:00

龙山寺
台湾庙宇建筑瑰宝

龙山寺虽也是鹿港的古迹之一，却和天后宫呈现出截然不同的风貌：香火没有天后宫鼎盛、香客人潮也没有天后宫拥挤，贩卖民族饰品、鹿港小吃的摊贩和游客也很稀少，但这反而让龙山寺显出不同于天后宫的幽静与惬意。

这座享有"台湾紫禁城"美誉的龙山寺，建于清乾隆五十一年（1786 年），所有格局均依照古籍记载而建，龙山寺共有四进三院，自外而内有山门、三川殿、正殿和后殿，每一个窗棂、每一根石柱，甚至屋檐上的秀丽雕刻，都能看出工匠们的鬼斧神工，是鹿港镇重要的文化遗产。

跨过山门，走过花岗石制的庙埕，就到了龙山寺饶具特色的戏亭下，不时有老人演奏唱歌，将鹿港昔日浓郁的文化之风显露无遗。从建筑学者的眼光来看，龙山寺更是研究庙宇建筑的绝佳教材，为了让游客能认识这美丽瑰宝，每逢假日都会有解说员为游客免费导游。

Data
- 址 彰化县鹿港镇金门街 81 号

鹿港嬉游地图

驾　车
1. 北上：中山高速公路连接省道 76 线往福兴埔盐方向，沿着员林大排转青云路即抵
2. 南下：中山高速公路下彰化交流道，依指示走县道 142 线往鹿港方向即抵

公共交通
1. 台铁彰化站下车，转"彰化客运"往鹿港的公车，约 40 分钟可抵
2. "国道客运"鹿港站下车
3. 台中火车站前、干城站、朝马站搭中鹿客运，每半小时一班

加油站
仁好加油站：彰化县鹿港镇鹿草路四段 66 号
电话：(04)771-3793
彰工加油站：海埔里十八邻彰滨五路二段 332 号
电话：(04)778-0988
台亚鹿港加油站：彰化县鹿港镇鹿和路一段 200 号
电话：(04)777-7322

18:00 🍴

振味珍肉包
人气颇高的包子

Data
地 彰化县鹿港镇中山路 71 号
电 (04)777-2754
时 9:00~19:00
费 肉包 15 新台币／个

　　鹿港的振味珍肉包在当地可说是无人不知、无人不晓。每天下午，冒出的阵阵白烟飘来浓郁香味，让慕名而来的游客大排长龙的情形，当地人早已司空见惯。第八代老板郑永丰的父亲郑振山先生研发出风味独特的香菇肉包与牛奶馒头，厚薄适中的外皮以面粉加酵母、糖、牛奶调和而成，特别香软，在浓浓的奶香中包裹着风味绝佳的内馅，两者搭配将肉包的美味发挥到极致。每天牛奶馒头在 10:00 出炉，香菇肉包在 15:00~18:00 出炉，往往一出炉便被等候许久的食客抢购一空。振味珍从 1978 年才开始以卖肉包与馒头为主，由于秉持纯手工制作，所以每日限量发售，如果一定要尝到如此美味的肉包，也可以采取电话预约的方式，以免到时只能扫兴而归。

19:30

立德文教会馆
彰化少有的多功能饭店

Data
址 彰化县鹿港镇中正路 588 号
电 (04)774-1600
网 www.leaderhotel.com

　　立德文教休闲会馆原是劳工教育学院，现为多功能的休闲会馆，由私人集团经营，并以崭新的面貌开张。对一般游客而言，这里无论是住宿、休闲娱乐以及餐点各方面都颇有大城市精致饭店的味道。会馆每间面海的客房除了远眺海天一色的美景外，还可鸟瞰传统风情的鹿港镇；面山的客房可欣赏绵延起伏的八卦山脉和灯火通明的夜景。此外立德推出的 LeaderCafe 西餐厅也极具特色，拉斯维加斯式开放餐厨和主厨现场烹调美味的表演，会提供游客异于当地小吃的另一种美食飨宴。馆内标准的温水游泳池、多功能球区（回力球、台球等）、男女三温暖、健身房等免费提供给住宿游客使用，在鹿港古迹巡礼之后，可以在此放松心情，体验另外一种全新的享受。

Day2

9:00

天后宫
妈祖庙终年香火鼎盛

Data
址 彰化县鹿港镇中山路 430 号

　　从人群中转进天后宫，只见香客与游客往来穿梭，从熏香中冒出来的白烟早已缭绕整座寺庙，见证鹿港天后宫香火之盛。穿过牌楼，踏上两侧的檐廊，空气中夹杂着浓厚的檀香味与喧哗的人群声，天花板雕工华丽的八卦藻井已被经年的香火熏得漆黑。

　　清康熙二十二年（1683 年）福建水师都督施琅奉请湄洲妈祖宝像来台，于雍正三年（1725 年）建庙祭祀，又称旧祖宫。妈祖宝像原奉祀于福建莆田县祖庙正殿之中，后湄洲正殿尽数倾毁，使得奉祀于鹿港天后宫中的宝像以及文物成为历史珍贵瑰宝。穿过正殿，位于正殿后方的妈祖文物馆，陈列着庙宇建筑、烛台、庙宇重修记等文物，以及妈祖信仰的形成和发展历史、台湾民间信仰的研究等珍贵资料。

11:00
九曲巷
防强风的红砖古巷

　　早期鹿港以商业起家，当时需靠船只往来载运货物，因此重要的商业据点势必沿海岸与河口发展，由于毫无遮蔽，凛冽的海风往往长驱直入，造成居民与行人的不便，尤其每年中秋过后所谓的"九降风"（东北季风），更使得此处尘土飞扬。于是鹿港人便设计了弯曲多折以及T字形的交叉巷道口，以阻绝强风的侵入，形成独特的建筑景观。

13:00
巧昕传统手缝
布上花草动物活灵活现

　　巧昕老板许陈春从小就学习缝制技艺，数十年下来，从她手中完成的传统手缝工艺品数不胜数，她所创立的高难度立体绣，省内仍无人出其右，巧手的她1994年曾以"花开富贵"的孔雀工艺品获得文建会颁发的民族工艺奖。除了动物造型的传统手缝，女用肚兜、"三寸金莲"袖珍鞋与各式香包也别具特色。手工精巧的肚兜多以红色与黑色为主，丝布上的刺绣图案也堪称一绝。

Data
地　彰化县鹿港镇四维路 20 号
电　(04)775-0806
时　9:00~21:00
费　小绣花鞋 150 新台币起，肚兜 400
　　新台币起

Data
地　彰化县鹿港镇民族路 168 号
电　(04)777-3672
时　8:00~22:30
费　凤凰酥 350 新台币/盒(15 个)

15:00
玉珍斋饼店
百年人气长红饼店

12:00
辉弘蚵仔煎
鲜味蚵仔多种吃法

　　天后宫前的辉弘蚵仔煎是当地生意最好的蚵仔店，它发明出多种吃法，包括蚵仔煎、蚵仔汤、蚵仔酥等。店内独特调料是一锅以番茄酱加上甜辣酱调制而成的"甜酱"，还有一锅综合酱油、烤肉酱、五香粉、胡椒粉等的"咸酱"，甜甜咸咸的酱汁淋浇在蚵仔上，香味四溢，让人不由自主地口水直流！

Data
地　彰化县鹿港镇民生路 53 号
电　(04)775-4990
时　8:30~21:00
费　蚵仔煎 40 新台币，蚵仔汤 40 新台币

东华号面茶
真功夫炒出香浓滋味

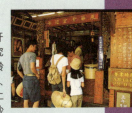

　　东华号素食面茶才开业没几年，但是老板研究炒面茶的时间可是比店龄还长。虽然仅是使用面粉、糖、素食油、芝麻、杏仁片等简单材料拌炒，但炒得好不好的重点在火候的控制和时间，由于东华的面茶量大，所以手劲也要够才能撑得住 3 小时的拌炒时间！不添加任何防腐剂和化学成分的东华面茶十分健康。

Data
地　彰化县鹿港镇中山路 409 号
电　(04)776-0229
时　8:30~21:00
费　面茶 100 新台币/包

　　位于中山路与民族路交叉山的玉珍斋饼店，已经陪着鹿港走过 100 多个寒暑。玉珍斋由当时富甲一方的商人黄锦于清光绪三年（1877 年）创立，当时鹿港文风鼎盛，黄锦为了显出独特的风味，便从泉州请来手艺精湛的糕点师傅制作出各式美味的茶食糕点，绝佳的口感与味道享有盛名。于是，黄锦干脆开一家专卖糕点的饼铺，开始了玉珍斋的制饼生涯。至今玉珍斋除传承独到的古法制作糕饼，同时也顺应大众口味，不断推出新品，目前当红的招牌产品除凤眼糕、口酥饼、牛舌饼之外，口感独特的凤凰酥仍是玉珍斋最畅销排行冠军。此外，踏进玉珍斋更不可错过芋头酥、香妃酥、杏仁酥、情人酥、杜果酥、萝卜酥等各式糕饼。

埔盐·鹿港

畅游芬芳香草美乐地

来到埔盐乡，一定不可错过将原本植稻的田园休耕、让土壤净化成有机状态的稻香农场，徜徉在百种香草香气中，体验自然生态的美好。接着再顺游鹿港，参观工艺精湛令人赞叹的玻璃博物馆，品尝阿嬷时代的点心，入住鹿港第一座电梯洋房，让古意小镇游充满新鲜乐趣。

建议行程

Day1
埔盐环乡自行车道→稻香休闲农场→元春饺子馆→二鹿行馆

Day2
二鹿行馆→台湾玻璃馆→怡古斋人文茶馆→意楼

Day1

14:00

埔盐环乡自行车道
两轮悠游活力乡村

埔盐环乡自行车道全长 23.7 公里，骑来舒适逍遥，连接乡内八处优质景点，例如，社区活动中心也是车道起点的糯米文化风味坊、拥有垂柳美景的西湖柳堤春晓、可见成群的打翠竹白鹭、一池睡莲浮水面的埔南生态园区等，环乡镇一圈便能体会什么是乡村悠闲风。

Data
🏠 彰化县埔盐乡埔盐村中正路 120 号（糯米风味坊）
📞 (04)866-1606（乡公所农业课）
📅 周六、周日 8:30~16:30，12:00~13:30 休息

15:00

稻香休闲农场

有机香草园鲜玩生活

　　稻香休闲农场位于埔盐乡一片翠绿稻田间，园内植有大片的各类香草植物，在看似自由放任植物生长的 0.6 公顷土地上，有迷迭香、鼠尾草、薄荷、澳洲茶树、百里香、奥瑞冈等，让人入园后口鼻间萦绕芬芳。在这里香草不只是装饰点缀，从主人细心的解说中，游客可以学会用香草让生活更美好，像鼠尾草可以抗氧化，添加在食物中可以抑制霉菌；迷迭香可杀菌；澳洲茶树更是良好的抗菌剂。

　　除了香草，农场内还栽种各种树木、有机蔬果、水生植物，而昆虫、鸟类等也是园中贵宾，更重要的是，身在园区无须担心小黑蚊肆虐，因为这里排水系统良好，小黑蚊无法滋生。主人陈瑶腾借由自然生态相互制衡原理，在无须使用任何化学药剂情况下，让园区内动植物自然地茁壮生长。农场内则规划有凉亭、儿童游乐区、可供阅读及用餐的休憩区等，并提供最自然的新鲜香草茶、香草餐、手工饼干等。

Data

- 🏠 彰化县埔盐乡埔盐村彰水路二段 169 巷 23 号
- 📞 (04)866-1118
- 🕐 平日 8:00~18:00，晚上及假日需预约，晚上至 21:00

如何抵达

埔盐·鹿港嬉游地图

台湾玻璃馆
吴敦厚灯铺
二鹿行馆
鹿港
鹿港镇
元春饺子馆
意楼
怡古斋人文茶馆
福兴
秀水
福兴乡
秀水乡
稻香休闲农场
埔盐
埔盐环乡自行车道

驾车

1. "国道"1 号在汉宝一草屯东西向快速道路可下埔盐系统交流道
2. "国道"1 号下彰化交流道接 142 省道往鹿港

公共交通

员林客运溪湖—彰化路线（彰水路）行经埔盐

加油站

埔盐站加油站：彰化县埔盐乡彰水路二段 174 号
电话：(04)865-1552
台亚埔盐加油站：彰化县埔盐乡员鹿路二段 96 号
电话：(04)865-6899
草港加油站：彰化县鹿港镇草中里 23 邻鹿草路 4 段 227 号
电话：(04)771-8342

香草火锅（250 新台币）

稻香休闲农场的全素火锅采用自种的应季瓜果蔬菜、香菇、素丸、豆腐等，并加入百里香、奥瑞冈、迷迭香等香草植物提味，食材方面安全无农药、汤底清爽，符合现代人养生诉求。

香草茶（150 新台币）

一大壶碧绿晶莹的清香茶汤以自种的七八种香草新鲜现采调配而成；入口味道层次多变，可尝到甜菊的甜、迷迭香的芬芳、薄荷的清凉，若到农场游玩一定要来上一壶！

香草饼干（80 新台币 / 份，DIY 体验 150 新台币）

自制的香草手工饼干不添加任何香料与化学剂，而且讲究高纤、低脂、低盐、低糖、低油等制作条件，硬脆的饼干可以尝出高纤口感与带有香草味的面粉香。

18:00

元春饺子馆
高人气饺子老店

在鹿港提起吃饺子，多数人一定会想到元春饺子馆，从 1985 年开业至今它一直是鹿港人心中的饺子、面食首选店家；人气旺的原因在于店家餐食的特殊风味，老板的手艺习自蒸饺世家的两位舅舅，自己又赴大陆拜师学艺，学习制作北方面食与麻辣酱。店面规模从原本只有夫妻两人到如今已有一家分店，而且每到用餐时间门口大排长龙，味道之美由此可见。

Data
- 地 彰化县鹿港镇复兴路 353-3 号（总店）
- 电 (04)778-4477（总店）
- 时 10:00~23:00

20:00

二鹿行馆
鹿港首家电梯洋房

1975 年，这栋以钢筋水泥砌筑、屋内设有电梯的五层洋房成为全鹿港最高的豪宅洋楼，如今，这栋拥有 14 间房间的豪宅整理出空间提供住宿；主人林有佑小姐率直热情，她将这处居住空间重新规划，并发挥创意，让每间住房风格迥异。另外，住宿游客若想体会鹿港众多民俗技艺、搭观光三轮车、询问鹿港观光资讯，行馆也都可以安排，并规划旅游线路。

Data
- 地 彰化县鹿港镇春晖街 46 号
- 电 (04)777-4446

Day2

10:00 🎠
台湾玻璃馆
令人赞叹细琢工艺

Data
- 📍 彰化县鹿港镇鹿工南四路 30 号
- ☎ (04)781-1299
- 🕐 8:00~18:00

台湾玻璃馆除了生活用品销售展示，还有工艺化的玻璃艺术品陈列区；馆区一楼是商品销售区，可以买到生活玻璃用品，二楼为展示区，除了了解台湾玻璃历史，游客可穿越由透明玻璃制成的筑梦光廊进入展示区，各种精雕细琢的玻璃艺品创作如花果、昆虫、玻璃画等，或是生活用品如花瓶、卫浴品、玻璃砖、桌椅等皆在此分区展示；另外，还有小朋友最爱的梦幻迷宫、玻璃莲花池、青春万花筒等体验设施。

12:00 🍴
怡古斋人文茶馆
古早点心创新吃法

吃过热乎乎的面茶、杏仁茶，你可喝过冰凉的面茶或是吃过面茶锉冰？还有那软嫩滑溜的片栗粉？就在观光老街的埔头街内，有家怡古斋人文茶馆专门提供这些老味，而且还独树一帜地创立新吃法，热着吃不稀奇，冰凉爽口又沁心的冰面茶及锉冰，不禁让人等不及要尝试一下；老板施泰州还说，吃这些冰品也有方法，冰面茶不可搅拌要直接喝，面茶锉冰必须边吃边拌才能入味。

Data
- 📍 彰化县鹿港镇埔头街 6 号
- ☎ (04)775-6413
- 🕐 平日 11:00~18:00，假日 10:00~19:00

14:00 🎠
意楼
杨桃树长伴凄美爱情

沿着九曲巷往前走，便可看到一个大宅院，宅院门板上留着字迹斑驳的"良庆"、"宜昌"字样，这里就是昔日厦郊旗下的大行号"庆昌"，意楼则是庆昌大宅院中的阁楼。左转入小巷中，可见左侧砖墙上有一株杨桃树从墙内伸展而出，阳光穿透绿叶的缝隙洒落在红色的砖墙上，百年前，这里曾有过一段凄美的爱情故事。据传一位名为尹娘的女子曾住在庆昌古厝的阁楼中，新婚不久，夫婿为求功名，暂抛美眷赴试。临行前，夫婿为解尹娘思念之苦，于意楼墙边种一杨桃树，并嘱曰"见树如见人，吾试毕即返"，无奈夫婿一去音讯全无，尹娘苦守楼中，终致抑郁而终。此一故事虽众说纷纭，但其流露的凄美之感，常让游客望楼兴叹，如今也只有斑驳的圆窗和茂盛的杨桃树依然如旧了。

Data
- 📍 彰化县鹿港镇中山路 119 号右侧

吴敦厚灯铺
台湾仅存的顶级灯笼师傅

店铺外琳琅满目、古色古香的灯笼随风摇曳，而店内眉须花白的薪传奖老艺师吴敦厚及传其衣钵的五子吴怡德正专注地编绘棉纱灯笼，在这位传统工艺师傅的店内，可以看到各种正在制作的传统灯笼。

老师傅吴敦厚已年近 90，他从 15 岁开始学做灯笼，这一做就超过 60 年，其灯笼的可贵之处在于均遵循古法制作，所彩绘的图案鲜活，造型更是栩栩如生。由于这项传统技艺弥足珍贵，使得吴敦厚享誉中外，各媒体经常前来报道，各国的民俗、古玩艺术家、古董家也常慕名而来。而台湾省政府为表彰吴敦厚的贡献，将他的灯笼制成邮票、邮戳及首日封。

Data
- 📍 彰化县鹿港镇中山路 312 号
- ☎ (04)777-6680
- 🕐 8:30~21:00
- 💰 各式灯笼 400 新台币起

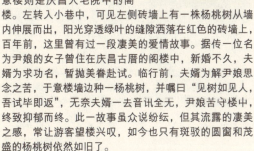

二林·芳苑

台湾酒窖品葡萄酒

　　彰化二林是米仓与水果之乡，所种植的金香葡萄是酿酒最佳品种。秋转冬之际，酌饮一杯葡萄美酒为入冬暖身，充满葡萄芳香醇美的小镇等你前来深入畅游。

建议行程

Day1
台湾酒窖→原丰果园→李振辉扁食鲺→赤牛面→春城四季休闲旅馆

Day2
春城四季休闲旅馆→绿色隧道→阿源炸粿

Day1

13:00

台湾酒窖
醇酿红酒齐聚一堂

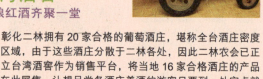

　　彰化二林拥有20家合格的葡萄酒庄，堪称全台酒庄密度最高区域，由于这些酒庄分散于二林各处，因此二林农会已正式成立台湾酒窖作为销售平台，将当地16家合格酒庄的产品集结在此展售，让想品尝各酒庄美酒的游客只要到一处定点就可达到目的。

　　二林各酒庄皆拥有自己的葡萄园与自家独特的酿制方法，酸、甜、涩味有各自的比例，部分酒款则特别针对台湾人偏甜少涩的口感喜好来酿制，整体的葡萄酒品质并不输国外红酒。

　　台湾酒窖占地近8000平方米，室内展示区除了陈列各酒庄的酒款，还设有一处品酒柜台，可在此浅尝各款葡萄酒；此外还销售荞麦、红薏仁等当地主要农特产品以及儒林工坊手工艺品；户外是大片休憩绿地，也是假日最佳展演场所。在秋末微凉的11月，不妨多挑选几瓶喜爱的葡萄美酒暖暖身吧！

喝酒不开车

Data

📍 彰化县二林镇西斗里斗苑路二段915号
📞 (04) 890-3717
🌐 www.rlfa.org.tw
🕐 9:00～17:00

15:00

原丰果园
网室里的巨峰葡萄

　　由二林镇农会葡萄产销班第二班班长陈万陀所经营的原丰果园以种植巨峰葡萄为主，果园分为网室与露天栽种，虽然网室栽种葡萄的成本花费较高，但是可减少鸟害与风害侵扰。园内葡萄皆以有机肥料栽种并引浊水溪水灌溉，生产的葡萄果肉较硬带有弹性，甜度可达20度，还拥有检验合格的生产履历表，品质有保障，果园提供送货服务。

Data

🏠 彰化县二林镇原斗里民生巷5号
📞 0952-260-976
🕐 7:00~20:00
💰 350新台币／5斤装，参观或购买请事先预约

二林・芳苑嬉游地图

王功渔港
王功产业观光发展协会

绿色隧道

芳苑乡

二林镇

芳苑

春城四季休闲旅馆
乔牛面
阿源炸粿　台湾酒窖
李振辉扁食饆
二林
原丰果园

如何抵达

驾 车
"国道"1号北斗交流道下，接150县道往二林方向行驶即抵

公共交通
1. "国道"客运可抵二林镇
2. 员林客运可由台中、员林、田中抵二林，亦可自二林抵王功

加油站
二林站加油站：彰化县二林镇二溪路一段212号
电话：(04)896-0049
林出加油站：彰化县二林镇斗苑路四段22号
电话：(04)895-6266
小松加油站：彰化县二林镇旧二路358号
电话：(04)896-2308

17:00 🍴

李振辉扁食馐
手工精制弹牙美味

近 80 年前由市场移动小摊发展至今的李振辉食品的扁食馐并非市面上常见的扁食，而是由后腿精肉去油除筋后，以手工擀成肉皮再包裹馅料而成。扁食现点现煮，口感香脆有弹性，鲜美滋味入口难忘，也是历任台湾省领导人下乡必尝佳肴。店内提供冷冻、真空包装的扁食馐及其他产品，如香菇丸、龙须丸、香菇米糕等，也可送货上门。

Data
- 址 彰化县二林镇西平里照西路 54 号
- 电 (04) 896-0550
- 网 www.lichenhui.com
- 时 美食部 10:30~16:00（售完为止），商品部 8:00~21:00，周一公休
- 费 扁食馐丸汤 45 新台币，芙蓉蒸蛋 40 新台币，香菇米糕 30 新台币

18:00 🍴

赤牛面
没有牛肉的切仔面

二林赤牛面与彰化猫鼠面、台南担仔面并列台湾三大名面；"赤牛"是第一代创始人廖全德的绰号，因此人们笑称赤牛面里面没有牛肉。经营至今已 80 余年的老店，第三代老板廖学林除坚守传统美味，还赴日考察学艺，让汤底更加清爽并保有浓郁香气，这样的好口味让店里经常座无虚席；此外，米粉、粿条及各种小菜、独家自制的肉卷都可选择搭配食用。

Data
- 址 彰化县二林镇中山路 92 巷 28 之 17 号
- 电 (04) 896-0983
- 时 9:00~19:30

20:00 🏠

春城四季休闲旅馆
优质私密独栋住房

春城四季是二林地区相当具有规模的旅馆，除了旅馆四周环境幽雅，细心亲切的服务态度更让人倍感舒心。28 间客房均为双人住房，分为风情、浪漫、尊荣与商务等独栋房型，其中强力推荐三间风格各异的旗舰套房，80 多平方米的房内规划有 SPA 泉池、维琪浴等高级设备。由于中科预定地位于二林地区，旅馆在未来会增设商务与家庭房，让前来商务旅游的客人可以住得更加舒适。

Data
- 址 彰化县二林镇仁爱路 171 号
- 电 (04) 895-0288
- 网 www.qk.to/inquiry.asp?n=1
- 时 24 小时均可入住；小时房 3 小时，住宿 12 小时
- 费 旗舰房 2680 新台币，风情房 2380 新台币，尊荣房 1680 新台币，商务房 1280 新台币，不分平假日

Day2

11:00 🍴
阿源炸粿
酥脆不腻

经营 86 年的阿源炸粿是当地人餐桌上的家乡美味，不论是鲜蚵仔、腌过的肉末、新鲜花枝、韭菜、米糕、整片芋头、地瓜片，只要裹上由当地产的米与黄豆精调过的米浆，再放入花生油锅里酥炸，片刻之后，便传来咯吱的切粿声，香脆感十足。实在的好滋味让小小摊位总是人头攒动。

Data
- 址 彰化县二林镇儒林路二段 458 号
- 电 (04)896-6966
- 时 8:30~17:00
- 费 各式油炸食品 10~35 新台币

10:00 🎠
绿色隧道
麻黄隧道绿荫遮光

二溪路上绵延 1.5 公里、高耸入云的木麻黄绿色隧道在此伫立超过 50 年，躲过道路拓宽被砍除的命运，形成了当地最美丽悠闲的自然画面——茂盛枝叶的阴影下偶尔可见阳光洒落，金灿美丽。想漫步在这条独特的木麻黄绿色隧道下，也请留意身旁来车，安全为上。

Date
- 址 彰化县二林镇二溪路往草湖方向

顺游王功
王功产业观光发展协会

王功海边是吹风赏景的好地方，在此可见识到堆积如山的鲜美牡蛎、沙滩上横行的螃蟹与灯塔夕照所形成的美丽图画。海面上的蚵田，以潮间带为界，开放时间随潮汐变化，可趁着潮水尚未退尽时，搭乘采蚵车捉螃蟹。

不同于位于深海、采用垂直直挂式的南部蚵田，位于潮间带的王功蚵田、采用横挂发展，成排竹竿以 1.8 米间距、呈东西向排列，尼龙绳蚵仔串南北展开，绵延数百米，蚵园内串串蚵仔壳在阳光下闪耀，还有蚵农在田间的辛勤劳作的身影。嫣红的夕阳落日与蚵田、蚵农构成动人渔家风情画，大小朋友在养蚵人家的解说下，了解蚵的生命轮回，感受渔村生活的潮汐律动。

出海口旁长长的防波堤，如今成为情侣们最钟情的步道。放眼望去，电动胶筏上的蚵农正载着满满牡蛎迎面而来，"嗒嗒"的声响像是丰收的凯旋歌，与海岸边的欢声笑颜，成为悦耳的合鸣。蚵农们聚在一起，把牡蛎的硬壳颗颗脱下，颤抖抖地露出白嫩肉身，它们很快将成为芳汉路上小吃店的佳肴，或路边摊蚵仔煎的美味。对观光客来说，王功的迷人之处尽在视野与唇舌之间。

Data
- 址 彰化县芳苑乡博爱村芳汉路王功段 502 号（山羊泡沫小站）
- 电 (04)893-6748
- 费 渔村体验之旅 350 新台币／人，采预约制
- 注 最好着短裤、可涉水凉鞋

田尾·埔心

花间骑车芬芳乐活

　　秋高气爽的好时节，骑车在田尾小镇百花骑放自行车道上快意奔驰，沿途打帘、溪畔、柳凤、田尾四村培育的 300 多公顷的花田，一年四季都有花卉绽放，让游客畅享五彩芬芳的田园时光。

Day1
将园庭园咖啡→百花骑放自行车道→菁芳园·田尾休闲农场→花宿民宿

Day2
花宿民宿→田尾乡花卉产销班→世外桃源养生休闲园区→思想起花草餐→路葡萄隧道休闲农场

建议行程

Day1

14:00

将园庭园咖啡
拈花惹草品养生餐

　　将园庭园咖啡总面积约 1 万平方米，户外花园植物品种繁多，国内外树种皆有。独树一帜的挑高瞭望台式建筑，让用餐的客人能一览园内四季花草，而菜肴则使用新鲜蔬果及肉类来制作，菜单上全无油炸类餐点，讲究自然、健康与天然饮食，符合现代养生追求。

Data

🏠 彰化县田尾乡打帘村公园路一段 162 号
📞 (04)824-2601
🕐 平日 10:30~21:00，假日 10:00~21:00
💰 最低消费 100 新台币；焗烤肉酱面、迷迭香鸡腿饭 250 新台币

16:00

百花骑放自行车道
四季绽放梦幻花海

　　彰化县田尾乡种植各种花卉，数量、种类冠绝全台，素有"花的故乡"美誉。以民族路为起点轻驾单车，放眼望去姹紫嫣红、花团锦簇，平日可享清静的闲适时光，假日则有繁花争奇斗艳的热闹市集，是游客赏花、买花、品花的好去处。另外，每年10~12月间，花农使用电灯照明抑制开花，调节产期，让花茎长得高大，也让夜间的菊花田光明如昼，灿亮无比的不夜城景色也值得游客前往观赏。

Data
⊕ 彰化县田尾乡民族路

如何抵达

驾　车
"国道"1号员林交流道下右转，接台1线经永靖到田尾

公共交通
自彰化火车站前搭往田尾、北斗的员林客运，于田尾下车

加油站
田尾站加油站：彰化县田尾乡饶平村中山路一段 393 号
电话：(04)883-1042
永村田尾加油站：彰化县田尾乡饶平村中山路一段 142 号
电话：(04)883-5656
田尾二站加油站：彰化县田尾乡中山路一段 575 号
电话：(04)883-5425

18:00 🐴 🍽

菁芳园·田尾休闲农场
买花赏北美森林风情

占地约 7000 平方米的菁芳园·田尾休闲农场，以大宗礼品花卉为主要营业项目，温室栽种约 30 种蝴蝶兰。面对池塘的大型玻璃空调温室咖啡厅筹备 6 年，开业后就在网络上成为焦点。种植面积约占园区三分之一的落羽松，以其棕、黄、褐的色调构成一幅绝美画作，客人在等候量身定做的花艺礼品时，不妨坐下来悠闲喝咖啡，体验周遭自然环境的美好。

Data
- 址 彰化县田尾乡打帘村张厝巷 73 号
- 电 (04) 822-3535
- 网 www.tenway.com.tw/
- 时 10:00~21:00

20:00 🏠

花宿民宿
与花有约典雅之宿

走进花宿，映入眼帘的是简单大方的建筑，与室外绿意与雕塑巧妙搭配，层次丰富的空间变化令人惊叹，特别设计的玻璃屋还可作会议厅使用。而 11 间以花为名的套房简单、干净，展现日系优雅风格，贴心的阳台设计让庭园与自然结合，放眼望去，乡村与花田的淳朴美景一览无遗。

Data
- 址 彰化县田尾乡溪畔村张厝巷 72 号
- 电 (04) 824-6799, 0919-702-700
- 网 www.flowers-villa.com.tw
- 时 入住 15:00，退房 11:00
- 费 双人房平日 2000 新台币，假日 2500 新台币；四人房平日 3200 新台币，假日 4000 新台币 (春节价格另计)

Day2 🚚

9:00 🐴

田尾乡花卉产销班
徜徉花海自助采花

由王班长率领的花卉产销第 8 班，以休闲农园与自助采花为经营设想，在约 1 公顷的园区内栽种七彩向日葵、康乃馨、玫瑰、香水莲花、日本风铃花等花卉，并允许采花，让游客享受田野风情与乐趣。此外，也可在香水莲花池旁小憩，听蛙鸣、观游鱼，惬意无比。

Data
- 址 彰化县田尾乡丰田村光复路四段 116 巷 29 号
- 电 (04) 883-1551

11:30 🍴

思想起花草餐
花草入菜创意美味兼具

　　因为田尾栽培许多花卉及香草植物，天然环境极佳，于是思想起的老板杜宗原开始着手研究中式香草料理，别出心裁的独特创意，吸引不少人慕名而来，因此开业两年多以来，已成为当地人宴请宾客的好去处。招牌的薰衣草香酥蚵，以新鲜的蚵仔裹上加入薰衣草面衣下锅酥炸，淡雅的滋味降低了蚵仔的腥味，十分爽口；以香蜂草代替传统蒸鱼使用的葱、姜、蒜，再加入破布子、老梅等一起清蒸的午鱼，肉质鲜嫩、滋味清新；而迷迭糖醋里脊、香茅莲子排骨汤等，也是这里非尝不可的招牌菜。

Data
- 址 彰化县田尾乡民族路一段 189 号（怡心园正前方）
- 电 (04) 883-6505，883-6503
- 时 11:00~14:00，17:00~21:00（假日要先预约）
- 费 薰衣草香酥蚵 150 新台币，迷迭糖醋里脊 150 新台币，香蜂梅子蒸鱼 200 新台币，香茅莲子排骨汤 150 新台币，罗勒云笋肥肠 150 新台币

10:00 🎠🍴

世外桃源养生休闲园区
舒压养生最佳去处

　　由园艺 80 年老店转型为复合式餐饮的世外桃源，园区面积约 1.8 万平方米，广阔的开放式空间，除室内、外用餐与游乐场所，还规划出儿童游戏的草地，让大人小孩都可享受在城市难求的开阔自在。菜品是用当季园区内生长的植物自行研发的养生餐饮，使用无抗生素的土鸡，配以自行栽种的瓜果、香草，健康而美味。

Data
- 址 彰化县田尾乡打帘村民族路一段 581 号
- 电 (04) 823-3198
- 网 www.greenway-cafe.com.tw
- 时 平日 10:00~19:00，假日 10:00~21:00
- 费 DIY 教学 50~200 新台币，风味餐 320 新台币起

13:00 🎠

路葡萄隧道休闲农场（路酒庄）
自酿葡萄酒香醇甘美

　　荣获彰化酿酒比赛"优酿"奖的路酒庄，是新兴的休闲酒庄，由第三代老板黄俊仕经营。黄家从爷爷黄路开始即在埔心栽种葡萄，至今已达 30 年之久，来此游玩可以免费品酒，酒庄共推出春、夏、秋、冬 4 款葡萄酒："春"以金香葡萄酿制，洋溢淡淡花香；"夏"以巨峰葡萄酿制，清甜淡雅，加冰块饮用最美味；口感浓郁的"秋"以黑后葡萄酿制；"冬"则将葡萄以低温发酵再行蒸馏，酒精浓度最高，冬夜品尝最是温暖。而每逢 11 月初至 12 月底、5 月中至 7 月初的葡萄产季，硕果累累的葡萄隧道十分美丽，坐在一串串的葡萄下品酒更添诗意。

Data
- 址 彰化县埔心乡二重村南昌南路 136 巷 85 号
- 电 (04)267-6476
- 时 7:00~17:00
- 费 葡萄酒 250 新台币

二　水

田园古厝骑车寻宝乐

在油价爆涨的年代，想省钱旅游，骑自行车再合适不过了！彰化县二水乡公所精心辟建了完善的自行车道，让你骑车就可游览全乡，沿途欣赏花海与蔬果，遍尝当地乡土小吃。

Day1
二水自行车道→水车休闲农园→实践大学附设二水家政中心→谢东闵故居

Day2
谢东闵故居→二水老街→董坐石砚艺术馆→丰柏登山步道

建议行程

Day1

14:00

二水自行车道
循水圳路爱上二水

过年骑车游二水，以二水火车站为起点、取八堡圳入水口为终点，单程约3公里，沿途与铁路、水道交会，可以追赶火车，也可以悠闲地饱览芭蕉林、烟草园风光。在阳光与轻风里，一站站欣赏二水人文风情——首先来到蒸汽火车、糖厂五分车展示场，你将发现二水站身负纵贯线、集集线和甘蔗运输三大使命。

继续往前行至林先生庙，300年前他协助施世榜建立八堡圳，乡民建庙感谢他引浊水溪灌溉，造就彰化平原米乡。这儿也重现早年引水的"石笱"（木头、藤条搭成大篓子，放入大石头），就地取材体现先人智慧。沿着水路来到八卦山系最前端、高400米的龙头山，早年浊水溪闹水患前会以轰隆声预警，因而被视为二水乡的守护神。最后来到八堡圳入水口，看母亲河浊水溪磅礴奔腾，祈祷活水源源不绝，台湾香火代代兴旺。

Data

🔹 以二水火车站为起点，自右侧出发越过海丰平交道，右转即进入自行车专用道

🔹 www.erhshui.gov.tw（二水乡公所）

🔹 二八水史工作室自行车租借 100 新台币／天，电话 (04)879-0182；二水度假民宿套装行程，一日游 450 新台币（含一餐、自行车、导游、保险），二日游 2280 新台币（含住宿、三正餐一早餐、自行车、导游、保险）

源泉村老杧果树

二水老树远近驰名，除了八卦山下的 300 年台湾荔枝王老树、152 县道的杧果树绿色隧道，骑车沿路也可遇见一株 300 年老杧果树。

莲荷果休闲农园

在二水农村游览，不能错过体验流笼。流笼两端以绳索固定，乘客需自己使力收线、拉绳滑到另一端，体验传统渡河的乐趣与辛苦。

郑氏古厝

古厝三进三院、八护龙、约 130 间房，被列为彰化县历史建筑之一，至今传至 24 代，近 50 人居住此地。一条护龙就像一条长巷，犹如时光隧道。

如何抵达

二水嬉游地图

N

驾 车

1. "国道" 1 号彰化交流道下，接台 1 线，再接 141 县道即达二水乡
2. "国道" 3 号高速公路名间交流道下，往竹山方向直行，接 152 县道往二水方向可抵

公共交通

1. "国道" 客运台北竹山线经二水
2. 员林客运可台中或员林至二水
3. 可搭乘台铁至二水站下车

加油站

二水站加油站：彰化县二水乡南通路二段 680 号
电话：(04)879-0305
员村二水加油站：彰化县二水乡员集路五段 800 号
电话：(04)876-0505

17:00 🐴
水车休闲农园
醒狮团登场

　　过年除了贴春联、放鞭炮，走一趟二水水车休闲农园，还可在阵头师傅的带领下，办一场阖家同乐的新年音乐舞会。哥哥敲锣姐姐打鼓，在不成调的欢乐鼓噪声中，弟弟、妹妹戴上狮头面具，一前一后分扮头尾，跟着师傅点、走、甩尾……时蹲时站忙碌一身汗，但也玩出迎新春好心情。武术出身的农园老板，不只以寓教于乐方式传递传统武术，还自行研发多款狮龙纪念品，包括可以DIY上色的文昌狮，或彩绘光明狮灯笼，供新年、元宵提灯夜游。另外，还可一边品尝以当地白甘蔗汁调配的甘蔗咖啡，一边欣赏龙头山美景。

Data
🏠 彰化县二水乡倡和村员集路1段616号
📞 (04)8796-981
💰 文昌狮DIY150新台币，白甘蔗咖啡80新台币

18:00 🍴
实践大学附设二水家政中心
独具特色八堡圳风味餐

　　实践大学附设家政中心用创意将当地特色产品入菜，发明十多道独特又美味的菜肴，命名为八堡圳风味餐。苦瓜、茄子、仙草、高丽菜、山土鸡等皆为创作的食材，咸甜辣苦样样俱全，组合出特色风味，并特选二水一带浊水溪流域生长的台梗九号大米煮成香糯弹牙的白米饭，用当地美食征服游客的胃。这么美味的风味餐可不是随时都有，早点预约才能一饱口福哦！

Data
🏠 彰化县二水乡光化村1巷2号
📞 (04)879-3112
💰 一桌1500新台币以上，需事先预约

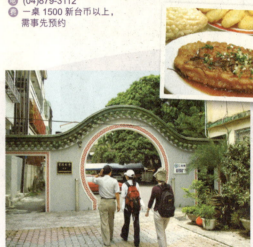

20:00 🏠
谢东闵故居
清幽古朴名士雅居

　　谢东闵是彰化二水人，他也是实践大学的创办人。1946年谢家人的户籍就已落在现址，目前由实践大学家政中心负责保管整理。故居一进大门就是正厅，包括电视、家具与墙上的照片，都保留原貌；正厅左右两边各有一间卧室，原本是榻榻米，现在改成木板，可提供两个小家庭住宿，家具虽旧，但相当干净，别有一番怀旧的味道。

Data
🏠 彰化县二水乡光化村光化二巷5号
📞 (04)879-3112
💰 每晚500新台币/人，不含早餐

Day2

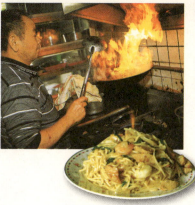

10:00 🍳🐴☕🥛

二水老街
吃火烧面访酱油间

沿二水火车站前光文路直行，寻访当地美味。百年豆油间坐落在小巷内，保留有 60 年历史的大木桶、传统人工压瓶器。因循传统干制法酿造酱油，120 公斤黑豆经洗浸、蒸煮、发酵、除菌、二次发酵，才能制作出 56 瓶珍贵的壶底油，这是最佳新年礼物。

来到员集路，一定要尝尝火烧面——大火热锅快炒豆芽、韭菜、肉片，面条焖煮后融合锅巴焦香、菜肉香脆纤维，再搭配老店特制辣酱，让食客爱不释口。此外，新年到访老店，不能错过混合酥脆、椒盐味的炸粉肠，愈吃愈好吃，舒心又暖胃。

Data
- 📍 彰化县二水乡圣化村员集路 3 段 724 号（大明火烧面）、文化村文化一巷 61 号（三义泉和德酱油店）
- ☎ (04)879-2608（大明火烧面），(04)879-3366（三义泉和德酱油店）
- 💲 火烧面 30 新台币／碗，炸粉肠 120 新台币／盘；壶底酱油 500 新台币／瓶
- 🌐 home.pchome.com.tw/web/cmc8793366（三义泉和德酱油店）

13:00 🐴☕🥛

董坐石砚艺术馆
螺溪石砚巧夺天工

二水有"台湾的砚台故乡"之称，取浊水溪螺溪石制作的砚台被誉为台湾黑玉。如今，砚台发展为可供收藏、把玩的砚雕艺术。

二水砚雕街位于员集路四段一带，聚集有十余位砚台艺术创作者，其中，董坐石砚艺术馆为县立地方文化馆，在这儿你不仅可以欣赏到董坐砚雕大师 30 余年来创作的石砚作品，还能学习如何辨别螺溪石——螺溪石砚的特点就是质地温润、硬度高、吸水力低、发墨无声。在这里还可取半成品 DIY，现学现磨，并刻上名字当新年纪念品。

Data
- 📍 彰化县二水乡上丰村员集路 4 段 286 号
- ☎ (04)879-6135
- 💲 视砚台大小而定
- 🌐 www.TungTso.com

丰柏登山步道
低海拔猕猴保护区

丰柏登山步道的起点是二水乡的丰柏广场，终点是名间乡的受天宫，因此这里也称为登庙步道，全程约 1.8 公里，是彰化热门健行路线。步道两旁绿荫夹道，走来凉爽轻松，路旁的景观植物前面都有解说牌，有竹林、橄榄树、龙眼树等；由于这里是全台唯一的低海拔猕猴保护区，定时出没的成群台湾猕猴是一大特色，8:00~10:00 就可看到一群猴子在树上跳来跳去，虽然不像高雄柴山的猴子那么大胆，但也不会见人就跑，运气好的话还能与它们合照呢！

Data
- 📍 彰化县二水乡上丰村

Part 5

云 林

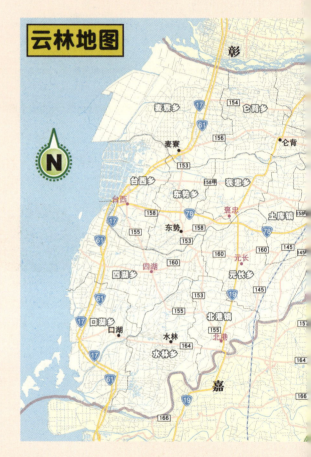

云林地图

N

回味滨海小镇风华
174 台西·四湖·北港

金光布袋戏配渔村小调
178 虎尾·褒忠·四湖·元长

品云顶茶谈西螺传奇
182 西螺·林内·斗六

云林位于嘉南平原最北端，全县有 20 个乡镇市，除斗六市、古坑乡及林内乡地势较高外，其余均为平原地区。云林的庙宇文化闻名全台，和其他城乡比起来，淳朴宁静得多。台湾最有名的西螺米就产于此地，除了出好米，小镇上还有丰富的风土民情和地方传说，值得游客细细品味。

赞叹大自然造物神奇
194 古坑·草岭

咖啡文化与剑湖山之欢乐行
186 古坑·斗六

台湾咖啡的原乡
190 古坑

台西·四湖·北港

回味滨海小镇风华

云林海线庙宇众多，气势恢宏。巷弄里则有着渔人剥蚵壳的淳朴画面；北港小镇的朝天宫聚集各地虔诚香客，也发展出著名的庙口美食文化！

Day1

14:00 🐴

五条港安西府
来古庙赏龙柱拜王爷

台湾西部沿海著名的王爷庙于1850年在此修建，庙殿雕刻相当细致，一对木雕龙柱为清道光年间的古物。农历六月十日是三位千岁的诞辰，宁静的乡村在这一天热闹非凡。

Data
🏠 云林县台西乡五港村中央路76号

16:00 🐴

三条仑海水浴场
动静皆宜欢乐一整天

三条仑海水浴场麻雀虽小、五脏俱全，场内设施齐全，包括露营烤肉区、游泳区、儿童戏水区、水上游乐园等，浴场内沙滩细腻、水域平静，是海滩散步和戏水的好地方。

🏠 云林县四湖乡仑北村海清路(海清宫旁)
📞 (05)772-1941
🕐 7:30~18:00
💰 全票100新台币，半票60新台币

建议疗程

Day1
五条港安西府→三条仑海水浴场→五条港
川菜活海鲜餐厅→三条仑海水浴场木屋

Day2
三条仑海水浴场木屋→云林海滨蚵田→北
港老店羊肉→朝天宫→北港小镇

黑蔴油　白蔴油

18:00

五条港川菜活海鲜餐厅
云林海滨鲜味最佳选择

　　五条港川菜活海鲜餐厅所推出的菜色，以老
板拿手家常菜为主。这里有名的蚵仔料理取材自
沿海的鲜蚵，如麻油蚵仔、豆酥蚵仔、油条蚵仔，
是不可错过的蚵仔美味。

Data
址 云林县台西乡五港村中
　央路 151 号
电 (05)698-2951
时 10:00~21:00
费 各式蚵仔料理 160 新
　台币起

如何抵达

驾车
"国道" 1 号嘉义交流道，接县道 159 号往新港方向，左转县道 164
号进入北港

公共交通
1. 台铁嘉义站下车后，改搭嘉义客运可抵北港
2. 台铁斗南、斗六站下车后，改搭台西客运往斗六方向可抵北港、
　台西

加油站
中油北港加油站：云林县北港镇华胜路 87 号
电话: (05)783-2618
中油台西加油站：云林县台西乡中山路 36 号
电话: (05)698-2124

20:00

三条仑海水浴场木屋
听海浪赏星星浪漫入眠

　　三条仑海水浴场沙滩上建有凉亭和成片的
木麻黄树林，常有游客玩累就在凉亭处落脚小
歇看海景，若天色已晚，想留在这里继续享受
看星星、吹海风，三条仑海水浴场有大、小型
木屋可供选择。

Data
址 云林县四湖乡仑北村海清路（海清宫旁）
电 (05)772-1941
费 大木屋 6000 新台币，小木屋 1000 新台币

Day2

9:00

云林海滨蚵田
云林渔业的特殊景观

　　云林沿海养殖渔业以鱼池及蚵田为主，形成海滨特殊的景观。当地的青蚵多数采用"吊蚵"的方式养殖，方便将吊入海边养成的蚵仔成串捞起，所以在云林沿海巷弄村落里，处处可以看见蚵农们剥蚵的景象。蚵农将剥完的蚵壳堆在巷道旁，一座一座大大小小的蚵壳山丘，可是蚵农们辛苦工作的象征。

Data
址 云林海滨乡镇四湖乡、台西乡

11:00

北港老店羊肉
只有香味没有膻味

　　店内的全羊餐从基本的羊肉汤、羊杂汤到炒羊肚、羊肝、羊头肉汤，一应俱全。使用成本高的本土羊烹煮后没有羊膻味，就连许多女性不敢尝试的羊头肉汤也备受好评。

Data
址 云林县北港镇中山路 100 号
电 (05)782-3861
时 7:30~19:00，7:00~24:00(冬天)
费 羊肉汤 60 新台币，羊头肉汤 60 新台币，羊肉米糕 40 新台币

羊肝汤
　　店里的羊肝可炒可煮汤，保证无腥膻味，配上老店的独家好料，不但补元气，还很明目！

13:00

朝天宫
历史悠久香客众多

　　相传清康熙三十三年（1694 年），树壁禅师由福建湄洲妈祖庙奉请妈祖到北港，从此每年从各地来的信徒有好几百万人。农历三月十九、二十日，湄洲进香团回北港绕境祈安，这便是信徒们一年中最重要的大日子！

Data
址 云林县北港镇中山路 178 号
电 (05)783-2055

15:00

北港小镇 🐎
云林小吃朝圣之地

北港朝天宫总是挤满各地朝拜的信徒，从而发展出一样盛况空前的庙口美食文化，堪称云林小吃代表——麦芽糖、传统大饼、碗粿、鸭肉羹，琳琅满目。

Data
- 地 云林县北港镇中山路 178 号
- 电 (05)783-2055

传统大饼

传统大饼老店锦华斋卖的冬瓜虾米肉饼、状元饼是人气商品。另外，古笨港饼铺卖的朝天宫香火袋造型的大饼也不能错过。

Data
锦华斋
- 地 云林县北港镇民主路 33 号
- 电 (05)783-2070
- 费 卤肉豆沙状元饼 25 新台币

古笨港饼铺
- 地 云林县北港镇中山路 153、155 号
- 电 (05)782-3918
- 费 香火饼 120 新台币 / 斤

阿伯碗粿

阿伯碗粿在中山路上已经卖了 30 年，每天下午开张，把 120 个碗粿卖完就收工。老板的精进做法，使碗粿吃起来不仅弹软，而且吃不到一丝油腻。

Data
- 地 云林县北港镇中山路（光明路中山路口）
- 时 16:30~19:00
- 费 碗粿 15 新台币

鸭肉面

来尝尝北港人推荐的巷内老味道吧！炖煮非常入味的汤底风味独特，一直有媒体闻香前来报道。

Data
- 地 云林县北港镇光明路 7 号
- 时 10:00~18:30
- 费 鸭肉面 30 新台币，鸭肉羹 30 新台币

北港麻油

北港油品店中元福麻油是传承了五代的老字号，也是采购礼品的最佳地点。

Data
元福麻油
- 地 云林县北港镇中山路 152 号
- 电 (05)783-2180
- 费 麻油大桶 500 新台币，黑麻油 100 新台币 / 斤

孙穗德麦芽糖

有兴趣的游客可前往工厂参观制作，老板将亲自导游解说。依据中药药典，天然的麦芽糖对喉咙相当好，孙家麦芽糖吃起来有麦香的甜味，而且不会觉得口渴粘牙。

Data
- 地 云林县北港镇公民路 12 号
- 电 (05)782-3328
- 时 7:30~22:00
- 费 麦芽糖小罐 200 新台币，大罐 380 新台币

虎尾·褒忠·四湖·元长

金光布袋戏
配渔村小调

　　台湾布袋戏及红极一时的史艳文布袋戏都来自虎尾，来到云林布袋戏馆就可一探究竟。四湖乡位于云林县最西端，以丰富的海洋生态资源及多元的宗教信仰闻名。

建议行程

Day1
云科生态休闲农场→云林布袋戏馆→阿展米糕→风华度假旅馆

Day2
风华度假旅馆→马鸣山振安宫→虎尾糖厂→金山鹅肉店→四湖海岸植物园

14:00
云科生态休闲农场
寓教于乐水果天堂

　　云科生态休闲农场距离斗六市区不远，以栽种柑橘为主，也有文旦、明尼橘柚、星红宝石葡萄柚等，加上种类繁多的野鸟、昆虫栖息于其间，充满自然色彩。农场也提供树叶拓印、儿童 DIY 等趣味活动。

Data
地 云林县斗六市大学路 2 段 273 巷 67 号
电 (05)533-8447
网 www.winfarm.com

16:00

云林布袋戏馆
布袋戏故乡的戏剧人生

为了突显虎尾布袋戏故乡的地方特色，云林县政府设立布袋戏主题馆，馆内有详细图文展示布袋戏文化，还有黄海岱专区、儿童体验区及特展区，将布袋戏文化做系统介绍。

Data
- 址 云林县虎尾镇林森路一段 498 号
- 电 (05)631-3080
- 时 10:00~18:00，周一及周二休馆
- 费 门票免费

18:00

阿展米糕
当地人推荐的美食

阿展米糕位于虎尾大街中正路，是当地人推荐的美食，招牌米糕口感香醇有弹性，借由饭香和香菇香带出整个味道，里面还有四分之一的蛋黄，味美料足。

Data
- 址 云林县虎尾镇中正路 359 号
- 电 (05)632-7766　时 11:00~21:30
- 费 米糕 20 新台币，排骨汤 30 新台币

20:00

风华度假旅馆
极简禅风自然本色

旅馆建筑采用天然的原始石材、南洋进口的艺术品，将中国风情与巴厘岛意境融为一体。每间房都拥有绿意与水色、别墅平台以及大型淋雨式花洒设计，住在此处可尽情释放心灵、享受生活。

Data
- 址 云林县虎尾镇平和路 20-15 号
- 电 (05)636-6666
- 网 www.thewind.com.tw
- 费 住宿 2350 新台币起

如何抵达

虎尾·褒忠·四湖·元长嬉游地图

驾　车
1. 虎尾：走"国道"1 号下斗南交流道后，往虎尾方向行驶，依循路标开约 10 分钟即可进入虎尾市区
2. 四湖："国道"1 号云林系统交流道下，接 78 东西向快速道路往台西方向，续接台 17 线滨海公路前行，即可到达

公共交通
台铁斗南、斗六站下车后，改搭台西客运往虎尾方向可抵

加油站
中油虎尾加油站：云林县虎尾镇光复路 131 号
电话: (05)632-2524
台塑虎尾加油站：云林县虎尾镇平和里平和 1-2 号
电话: (05)632-8802
中油四湖加油站：云林县四湖乡四湖村中正路 353 号
电话: (05)787-6859

云林 虎尾·褒忠·四湖·元长

Day2

9:00

马鸣山振安宫

祭典祈福赏风景

200 多年历史的镇安宫主祀五年千岁，每五年举行一次建醮祭典，当天信徒和乡民会一同涌进镇安宫。镇安宫前有千岁公园、慈恩园、拱桥等，附近的马鸣山可远眺云林平原，视野辽阔。

Data
地 云林县褒忠乡马鸣村镇安路 31 号

10:00

虎尾糖厂

满载甘蔗小火车的老记忆

现在的虎尾糖厂只开放商品部让游客进入，要参观糖厂内部需团体申请。附近的糖业文物馆有许多古董级制糖设备与农家器具，记录了台湾制糖业的历史。

Data
地 云林县虎尾镇安庆里中山路 2 号
电 (05)632-1540

13:00

四湖海岸植物园
认识滨海原生植物

　　台湾海岸植物有九成是原生植物，走一趟四湖海岸植物园，可一睹它们的庐山真面目。沿途有专人解说，是海岸生态之旅的极佳地点。

Data

地 云林县四湖乡林厝村中华路 62 巷 80 号
电 (05)231-1730〔农委会林业试验所中埔研究中心〕
注 仅开放团体预约入园，并提供导览解说，预约时请提供公文申请

12:00

金山鹅肉店
现宰现卖新鲜供应

Data

地 云林县元长乡中山路 83 号
电 (05)788-7822
时 12:00~24:00
费 鹅肉约 100 新台币 / 双人份

　　鹅肉是当地乡镇区公所推荐的当地美食。金山鹅肉店以白水鹅为主，现宰现卖，美味新鲜供应，并可依据客人需要的分量制作，另出售面食搭配食用。

兴隆毛巾观光工厂

　　虎尾毛巾产业始于 1950 年，是云林最具代表性的产业。20 世纪 90 年代，台湾毛巾业开始走下坡。兴隆纺织厂开发出各式蛋糕毛巾等制品力图转型，广受消费者欢迎，终于在 2008 年年底成为全台第一家毛巾观光工厂。

Data

地 云林县虎尾镇埒内里 84-1 号
电 (05)622-0559 蔡小姐
时 周一至周五 8:30~12:00，13:00~17:00；假日 8:30~17:00
费 平日入厂参观费用 50 新台币，可全额抵消；DIY 教学费 150 新台币 / 人

低盐乌鱼子

　　专家研发的低盐乌鱼子，选用鱼卵品质最佳的成熟母乌鱼制成，没有添加物，甜美香醇、口感极佳。

Data

地 云林县四湖乡箔子村 410 号云林区渔会
电 (05) 7721-511 转 126
费 2000 新台币 / 盒（600 克）

西螺·林内·斗六

建议行程

Day1
斗六老街→湖本生态村→云顶休闲茶园
Day2
云顶休闲茶园→西螺振文书院→延平老街→茂隆碾米厂·陈源和酱油工厂→西双版纳咖啡→西螺大桥

品云顶茶谈西螺传奇

西螺镇以早期阿善师的传奇故事闻名，现在是谷仓及蔬菜集散地；而到斗六必访以巴洛克建筑为特色的斗六老街，并品尝近几年享誉坪顶村的云顶茶。

Day1

14:00

斗六老街
巴洛克历史风华

老街已有百年历史，最具特色的就是巴洛克式街屋，至今仍保留有数十栋，最早可追溯到 1908 年。经过重修，砖墙和纹饰绣面都已还原原有的风华，十分值得前来一探历史之美。

Data
地 云林县斗六市太平路上

16:00

湖本生态村
云林的生态保育重地

湖本村村内的枕头山为生态保育地，拥有近百种鸟类、昆虫，以及濒临绝种的八色鸟。此地现已规划为生态村对外开放，想深度了解，可以预约参加湖本生态社区合作社推出的游览行程。

Data
地 云林县林内乡湖本村三权路 85 号
电 (05)589-0375
费 民宿 450 新台币 / 人，预约导游 1200 新台币 / 天

18:00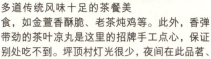

云顶休闲茶园
高山上顶级茶的盛宴

　　云顶休闲茶园是复合式经营茶园，提供泡茶、简餐、咖啡、住宿等服务，还有20多道传统风味十足的茶餐美食，如金萱香酥脆、老茶炖鸡等。此外，香弹带劲的茶叶凉丸是这里的招牌手工点心，保证别处吃不到。坪顶村灯光很少，夜间在此品茗、如灿烂银河带的市区灯火，十分惬意。

Data
- 址　云林县林内乡坪顶村168号
- 电　(05)589-0358/589-4034
- 时　周一至周五 14:00~24:00，周末 11:30~24:00
- 费　双人房附早餐800新台币/晚

地顶抵达

西螺·林内·斗六嬉游地图

驾车
1. "国道" 1号由西螺交流道转台1线可抵西螺
2. "国道" 3号斗六交流道转台3线往斗六方向，接台1丁线往刺桐，再接台1线可抵西螺
3. 斗六交流道下，接台3线往西可达斗六

公共交通
1. 台铁斗六站下车后再搭乘台西客运转往西螺镇
2. 高铁台中站搭乘员林客运西螺一台中路线至西螺
3. 国光客运、日统客运、统联客运可直达西螺
4. 搭乘台铁可直抵斗六
5. 日统客运、台西客运等可抵斗六

加油站
中油西螺加油站：云林县西螺镇大园里大同路38号
电话: (05)586-2240
福懋斗六加油站：云林县斗六市云林路二段304号
电话: (05)5343726
速迈乐加油站：云林县斗六市明德北路一段432号
电话: (05)5372316

Day2

9:00

西螺振文书院
两个世纪的古迹书院

　　振文书院建于清嘉庆二年（1797年），原为文昌帝君祠。至今已有两个世纪的历史，并被列为三级古迹，是保存较为完整的书院。现在它兼有庙宇功能，供奉文昌帝君、孔子、朱子等。

Data

址 云林县西螺镇广福里兴农西路6号

11:00

延平老街
精致古建筑赏游

　　延平老街上大部分的古洋楼始建于20世纪30年代，结合当时欧美装饰派风格及台湾传统样式，很值得观赏。其中，钟楼更是西螺重要地标。走在延平老街上，欣赏这些精致的建筑，十分惬意。

Data

址 云林县西螺镇延平路上

正庄麻糬

　　西螺浊水米是高黏度的圆糯米，最适合做麻糬。做正庄麻糬的手艺传承了四代，除了红豆、花生、芝麻等甜口味外，还有笋丝、香菇、肉块的咸味麻糬，香弹爽口不粘牙，放久了也不硬。

Data

址 云林县西螺镇平和路182号
电 (05)586-3736
时 7:30~22:30
费 红豆麻糬40新台币／个，礼盒100新台币／盒（20个）

13:00 🎠

茂隆碾米厂·
陈源和酱油工厂
西螺传统产业巡礼

西螺这个农业大镇现在还有许多坚持古法制造的民生传统产业，如茂隆碾米厂及陈源和酱油工厂，可以来这些工厂体会古法的真诚与用心。

茂隆碾米厂

浊水溪南岸因富含黏性土壤，产优质西螺米。茂隆碾米厂是西螺镇上最老的米店之一，米厂内有大型碾米机、百年木质米缸。买米的同时，别忘了请老板带大家参观一番。

Data
- 址 云林县西螺镇光复西路 162 号
- 电 (05)586-2162
- 时 8:00~20:00
- 费 西螺米 220 新台币 /6 公斤，900 新台币 /30 公斤

陈源和酱油工厂

若坚持古法手工酿制，先要将青仁黑豆蒸过，接上菌种后等它发酵，然后上盐，时间要 4 个月以上，真可说是"滴滴皆辛苦"。

Data
- 址 云林县西螺镇大同路 96 号
- 电 (05)586-3395
- 时 8:00~21:00
- 费 极品酱油膏 220 新台币

15:00 ☕

西双版纳咖啡
挑一只最对味的咖啡杯

店内有来自世界各地的咖啡杯收藏。你可挑选一只，请服务人员端来使用。店内宽敞气派，仿佛到了富贵人家别墅。啜上一口牙买加高山的蓝山咖啡，尽享咖啡的酸苦与醇香。

Data
- 址 云林县刺桐乡刺桐村农校 12 号（刺桐国中大门前）
- 电 (05)584-0110
- 时 11:00~24:00

17:00 🎠

西螺大桥
承载历史情感的桥

西螺大桥建于 1937 年，曾有"远东第一长桥"之称。时至今日，西螺大桥的运输功能不足，甚至有拆除可能，镇公所遂转而积极将大桥转型为观光休闲场所，由此延续老桥的生命。

Data
- 址 云林县西螺镇

古坑·斗六

咖啡文化与剑湖山之欢乐行

来古坑第一天先品味咖啡，让身心就此放松。第二天不能错过深受游客欢迎的颇具规模的剑湖山世界，让惊险刺激的游乐设施为假日画下圆满的句号。

建议行程

Day1
古坑绿色隧道→古坑乡农会→森野原味咖啡坊→华丽山景民宿

Day2
华丽山景民宿→廖俊龙咖啡染教学→桃之园咖啡坊→剑湖山世界→古坑服务区

Day1

14:00

古坑绿色隧道
穿梭绿色奇迹的惊喜

数条绿色隧道彼此交错，一眼望去青葱碧绿，绵延不尽。隧道旁边有台糖小火车及铁道，虽然已经停驶，但停用的铁道和小火车车厢为绿色隧道增添几分古意。

Data
🚗 斗六柴里桥通往古坑昆仑桥，往永光方向的台3线上

16:00

古坑乡农会
台湾咖啡入喉的醇香

古坑乡农会为提高台湾咖啡的知名度，特别推出咖啡DIY体验之旅，活动过程约40分钟，邀请专家传授秘方，教导民众如何利用虹吸式咖啡机煮出一壶好咖啡。

Data
🏠 云林县古坑乡中山路50号
📞 (05)582-1009
🕐 9:00~17:00
💰 咖啡约200千克300新台币，虹吸式煮咖啡DIY体验200新台币／4人（需事先预约）

品台湾原味阿拉比卡

古坑乡栽种的咖啡品种属于非洲衣索比亚阿拉比卡，因环境气候加上适宜土壤，此地成为台湾少数生产咖啡的地区。台湾咖啡较不苦涩，酸性口感较为突出，但这种酸属于优质酸性，入口后虽尝得出酸却不入喉，喝完后还有回甘。

18:00

森野原味咖啡坊
坚持绝对原味

　　店主夫妇以经营家的心态在招待客人——利用店主人自制自产的研磨咖啡粉，韩太太以为人妻、人母的心情做出口味独特的咖啡冻、咖啡鸡和咖啡火锅等价格平实的咖啡系列餐点。不加防腐剂的咖啡冻口感弹滑、香醇的咖啡鸡、清淡少油的咖啡火锅都是独一无二的家常口味。

Data
🏠 云林县古坑乡华山村华山路 42-1 号（华山国小斜对面、电信局旁）
📞 (05)590-0127　🌐 http://moreno.myweb.hinet.net
🕐 周二至周五 15:00~24:00，假日 10:00~12:00（预约包厢不在此限），周一公休

20:00

华丽山景民宿
温馨舒适的自然风格

　　华丽山景民宿位于剑湖山和华山之间，是晚上要到华山赏夜景的最佳休憩地点。此处拥有 1000 多平方米花园、牧场、果园，这里还提供烤肉器具，可一边欣赏落日余晖、一边喝茶或烤肉。早餐有现挤的牛奶，午饭可吃地瓜稀饭配自己种的山菜，总之主人看应季有什么菜就做什么菜给客人吃。

Data
🏠 云林县古坑乡华山村 109 号　📞 (05)590-1408
💰 四人小木屋：平日 2000 新台币，假日 2600 新台币；双人蒙古包：平日 1600 新台币，假日 2000 新台币；双人套房：平日 1200 新台币，假日 1300 新台币；四人套房：平日 1800 新台币，假日 2000 新台币

古坑·斗六嬉游地图

往斗六日盛食品
古坑系统交流道
古坑绿色隧道
古坑
古坑乡农会
古坑乡
古坑服务区
剑湖山世界
华丽山景民宿
桃之园咖啡坊
梅山交流道
森野原味咖啡坊
廖俊龙咖啡染教学
梅山

如何抵达

驾　车
"国道" 3 号古坑系统交流道，接省道 78 号往古坑方向，左转接省道 3 号，往永光方向，县道 210 号进入古坑乡

公共交通
台铁斗六转搭日统客运、台西客运可抵

加油站
永光加油站：云林县古坑乡永昌路 205 巷 13-1 号
电话：(05)582-5522
古坑加油站：云林县古坑乡西平村中山路 291 号
电话：(05)582-1534
福懋古坑加油站：云林县古坑乡西平村中山路 278 号
电话：(05)582-0282
台亚古坑加油站：云林县古坑乡崁脚村新兴 100 号（休息站内）
电话：(05)582-8270

Day2

9:00

廖俊龙咖啡染教学
自制福袋体验咖啡染魅力

　　出身于台湾布袋戏之父黄海岱家族的廖俊龙老师，为寻找"云州大儒侠"而远赴云南，却意外学得扎染技术。在老师有趣的口头指导下，学习咖啡染 DIY 课程 1~1.5 小时即能自制福袋。

Data
址 云林县古坑乡华山村 86-12 号
电 0928-953775
费 100 新台币／人，咖啡染 DIY 需事先预约

11:00

桃之园咖啡坊
阿嬷的自然滋味

　　在水蜜桃树下用餐是桃之园的最大特色。店内餐饮以阿嬷风味为主，桂竹笋、绿竹笋、过猫、过沟菜等都是阿嬷种的山菜，不管是凉拌还是快炒，都保留住那清嫩滑爽的清脆口感。

Data
址 云林县古坑乡华山村 73 号
电 (05)590-0493
时 8:00~24:00

13:00 🎠
剑湖山世界
High翻天的狂欢世界

近几年剑湖山世界的游乐设施不断推陈出新，"震撼飞行"是模拟螳螂般趴着飞行；"冲锋飞车"是全亚洲最长、360度大回旋的悬吊式云霄飞车；而挑战人类极限的"飞天潜艇G5"则将人拉到恐惧的极限，还有耐斯影城的超震撼科技影音设备，极具感官刺激，让人high翻天。每年10月这里还会推出世界咖啡博览会的活动，喜爱咖啡的朋友可别错过了。

Data
- 地 云林县古坑乡永光村大湖口67号　电 (05) 582-5789
- 时 周一至周五9:00~17:00，周六、周日9:00~17:20；夜间游园17:00~24:00
- 费 全票799新台币，优惠票699新台币

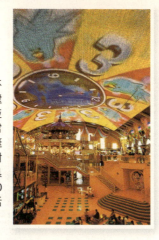

15:00 ☕
古坑服务区
采购礼物

古坑服务区二楼的人文艺术餐厅有艺术家创作的桌椅和摆设，用餐艺术气氛十足。此外，服务区出售的咖啡售价为市价的八到九折，十分划算。而咖啡麻糬、咖啡冻亦相当受欢迎。

Data
- 地 云林县古坑乡崁脚村新兴100号
- 电 (05)582-1009
- 时 9:00~17:00
- 费 咖啡麻糬100新台币，咖啡冻100新台币，咖啡约200克300新台币

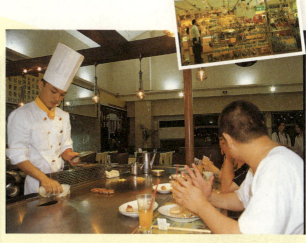

日盛食品

利用台湾咖啡香醇特性研发出各式创新点心，例如十分值得推荐的冷冻咖啡黄金包，应景的中秋节咖啡月饼、传统与创新融合一起的核桃咖啡糕、咖啡凉饴、咖啡手工煎饼等。

Data
- 地 云林县斗六市博爱路78号（门市）
- 电 (05)534-9160/582-0962
- 时 9:00~22:00
- 费 咖啡黄金包50新台币，核桃咖啡糕100新台币

古坑

Day1
巴登咖啡→石头公园·莲园咖啡→河岸咖啡民宿
Day2
河岸咖啡民宿→喜拉朵庭园咖啡→山海观休闲农园→樟湖风景区→十一石休闲农园

建议行程

台湾咖啡的原乡

　　古坑的台湾咖啡在日本侵占时期是日本皇室御用的指定饮品，如今满山的咖啡馆、广阔的咖啡园，不仅是时兴的观光胜地，也是台湾咖啡文化的代表。

Day1

14:00

巴登咖啡
台湾咖啡创意之旅

　　规模颇大的巴登咖啡，从栽植咖啡树、烘焙、煮食，全部由老板自己来，同时还创出 3 分鲜奶油、7 分咖啡的比例，不搅拌、小口啜饮。此外，还可以来一趟巴登咖啡深度之旅，但需事先报名。

Data
地 云林县古坑乡荷苞村小坑 5-2 号
电 (05)526-0687
时 8:30~24:00
费 每人最低消费 100 新台币，咖啡豆约 200 克 500 新台币

16:00 🐴 ☕

石头公园·莲园咖啡
佛陀化身的石头传奇

石头公园的主人因佛陀托梦，从20世纪70年代即努力地寻找和搜集形似佛陀化身的石头，并设立了石头庙供奉这些石头。采用中国庭园造景的石头公园旁设有莲园咖啡，主卖台湾咖啡和养生餐。

Data
地 云林县古坑乡古坑村朝阳路1-287号
电 (05)582-4548
费 入园免费，咖啡150新台币起，精致养生锅220新台币

18:00 🍜 🏠

河岸咖啡民宿
倾听土地的声音

民宿主人是对热情的姐妹花，她们不只把民宿当成事业，更在自家一方庭园内栽种华山附近的原生植物，并装置蛙类生态的木、石彩绘，轻巧地启动一座生态乐园。

Data
地 云林县古坑乡华山村86-12号
电 (05)590-0212，0919-053-813
时 周日至周四平日住宿8折
网 http://www.168go.com.tw/02009/
费 观景双人房假日2200新台币，平日1800新台币；
雅致双人房假日1800新台币，平日1400新台币

古坑嬉游地图

驾 车
"国道"3号古坑系统交流道，接省道78号往古坑方向，左转接省道3号，往永光方向，县道210号进入古坑乡

公共交通
台铁斗六转搭日统客运、台西客运可抵

加油站
永光加油站：云林县古坑乡永昌路205巷13-1号
电话：(05)582-5522
古坑站加油站：云林县古坑乡西平村中山路291号
电话：(05)582-1534
福懋古坑加油站：云林县古坑乡西平村中山路278号
电话：(05)582-0282
台亚古坑加油站：云林县古坑乡崁脚村新兴100号(休息站内)
电话：(05)582-8270

Day2

9:00 🐎 ☕

喜拉朵庭园咖啡
咖啡美食新体验

古坑咖啡故乡的美名，刺激商家努力地比拼创意，研发出各种融入咖啡的美食，制作出如咖啡鸡汤、咖啡熏蛋、咖啡火锅、咖啡柠檬片（嚼豆）等特色美食，值得品尝。

Data
- 址 云林县古坑乡华山村 19-11 号
- 电 (05) 590-0399
- 时 9:00~22:00
- 费 咖啡熏蛋 100 新台币，咖啡柠檬片 50 新台币

做自己的咖啡

来重点喝咖啡可以自己从头到尾 DIY，亲手摘咖啡豆、去咖啡皮、脱壳、去膜、烘焙，然后煮一杯自己烘焙的咖啡，并带自己 DIY 的咖啡豆回家，但仅限咖啡采收季节，需要事先预约。

Data
重点咖啡
- 址 云林县古坑乡华山村 1 号　电 (05)590-0130
- 时 14:00~次日 2:00

11:00 🔴

山海观休闲农园
闻名遐迩的咖啡餐

这里是华山地势最高的餐厅，视野辽阔！招牌菜是以咖啡为主的菜肴，如咖啡冷笋、咖啡饭饼及咖啡鸡汤，电视台及 Discovery 频道都被吸引过来报道采访。店内所用的青菜是有机蔬菜，美味又健康。

Data
- 址 云林县古坑乡桂林村 1-12 号
- 电 (05)590-0486
- 时 11:00~24:00

13:00 🐴

樟湖风景区
苍翠山水之美

　　樟湖风景区位于古坑乡东方山区，南接大尖山、北临清水溪，有山有水、风景秀丽。风景区内的景观可按当地标志和解说板找到，如山海观、蛇皇宫、茄苳神木、长桥探幽、清水幽谷、聚仙大石、天长瀑布、长青瀑布、龙凤瀑布、樟湖山登山步道等景点。"9·21"地震后风景区经过整理修复，加上许多新形成的地貌，让樟湖风景区呈现出苍翠的山林之美。

Data
🚗 行 158 甲县道接 149 甲县道，一路沿樟湖、草岭路标前行即抵

15:00 ☕

十一石休闲农园
咖啡味觉新体验

　　来到这里必尝十一石特调咖啡。品尝时先将甜酒和咖啡分成两杯，先一口酒一口咖啡地含在口中任其调和，淡淡的酒香甜味混合咖啡的苦味，相当顺口，喝完还会让人有微醺的感觉。

Data
🏠 云林县古坑乡朝阳村大埔 59 号
📞 (05)582-7546
🕐 周一 14:00~24:00，周二至
　　周五 11:00~24:00
💰 十一石特调咖啡 200 新台币，古坑台湾咖啡 200 新台币，风味特餐 220 新台币

长盛酒庄

　　长盛酒庄研究团队用取自荷苞山的当地农产，如咖啡、柳丁、火龙果，酿造出别具特色的咖啡酒与水果酒，其中酒庄的咖啡酒保留了咖啡香味，相当受游客的青睐。

喝酒不开车

Data
🏠 云林县古坑乡荷苞村 55 号
📞 (05)526-1099（可宅配到府）
💰 咖啡酒 560 新台币，水果酒制酒 DIY 课程需预约

古坑·草岭

建议行程

Day1
"9·21"大飞山→草岭地质公园→草岭山庄

Day2
草岭山庄→蓬莱瀑布→草岭形象商圈→持明寺·茄苳步道→峭壁雄峰步道

赞叹大自然造物神奇

草岭是全台湾最大的"村"，由于当地居民仅 900 多人，对自然的破坏极小，丰富生态因此得以保存。闻名全台的草岭十景，也因"9·21"地震呈现出另一番震慑人心的风貌。

Day1

游草岭小撇步

草岭村许多自然景点距离都不远，车程约在 10 分钟内，可先至饭店入住再安排行程。游览草岭最好的方法是由有执照的解说员导览，饭店可代为安排或联系解说员。

14:00

"9·21"大飞山
地震形成的惊人地形

"9·21"地震时，高耸的山体整片滑落，641 公顷的崩塌区域撞到嘉义县梅山后才停止，庞大的山体堵塞清水溪的出水口，形成面积 180 公顷的新草岭潭，这一惊人的巨变仅发生在 16 秒内，令人惊叹！

Data

沿 149 县道往新草岭潭方向沿路标可抵

16:00 🎠
草岭地质公园
解读大地密码

Data
交 "国道" 3号竹山交流道下，往市区接149、149乙、149甲县道，沿路标进入草岭村
费 可向当地饭店报名导览行程，专车专人解说，一人费用200~300新台币

地质公园保留丰富地质及原始森林，以生态步道串联幽情谷、水濂洞、青蛙石、河积地形等自然秘境。自幽情谷出发，沿着清水溪河床步道，与急湍、瀑布、曲流、侵蚀壶穴同行，繁木竹林间倾听水、石合鸣的自然协奏，观察滴水石穿的纵深纹理，大口吸取山林负离子的养分，感受美妙的自然生命力。游览草岭地质的最佳方式还是向当地旅馆报名参加导览行程，除可避免山路路况不佳带来的危险，还可以通过当地导游乡土味十足的解说发现草岭更真实的面貌。

18:00 🍴🏠

草岭山庄
一年四季都精彩

历史悠久的草岭山庄有着一年四季不同的自然景观以及丰富生态，因此吸引许多游客到访。草岭山庄日前改建完成，是日月潭涵碧楼的姊妹饭店，整体陈设精致典雅，部分房间还有户外SPA设施。山庄的景观房可赏夕阳、夜景，独立小木屋优雅舒适。在这里，还能品尝到极品日本怀石料理，自然野菜强健养生，菜色随四季变化更迭，给访客不同的惊喜。

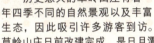

Data
址 云林县古坑乡草岭村56号 电 (05)583-1121#3 费 房价1680~4980新台币

如何抵达

古坑·草岭嬉游地图

驾 车
1. 中二高南下：南投草屯走中二高往南到竹山交流道下，转台3县到竹山，走149县道、149乙线道抵草岭
2. 南二高北上：自南二高斗六交流道下，接台3县往斗六市方向，于斗六接149甲县道往草岭方向可抵

公共交通
斗六市搭往竹山，再转搭员林客运到草岭

加油站
无加油站，需先在斗六市或竹山镇将油加满

Day 2

9:00 蓬莱瀑布
情侣告白新景点

　　"9·21"地震后，蓬莱瀑布流泻而下的断面奇妙地形成心形，原本瀑布的倾泻口也由心形的右侧移至正中央——岩石面和瀑布形成"一箭穿心"造型，成为许多情侣喜爱的新景点。

Data
🚗 云林县古坑乡东部山区，沿149甲县道开车约5分钟可抵

11:00 🎠 🍽
草岭形象商圈
一年四季都精彩

　　草岭形象商圈由三条路构成，分上、中、下坪。其中，上坪商圈是主要商街，商圈周边规划有老街、咖啡、苦茶油3条小步道，均保留了原始石砌风格，漫步街坊人家的红砖宅第、庄脚菜园或缤纷后花园间，别有一番古早田园风情。

Data
🚗 走149甲县道前往草岭村，会先经过上坪商圈，看见路旁的"草岭"地标字样，就抵达草岭形象商圈
🕐 10:00~24:00

　　沿形象商圈入口岔路斜坡向上爬，可看见黄澄澄爬满竹棚的南瓜，上面有着艺术字。那是瓜架主人陈先生在南瓜尚未长大时，用钢钉笔在上头所写的，瓜熟后自然浮现的字体别有趣味。不过这些艺术品是非卖品，仅供赏玩。

13:00

持明寺·茄苳步道
享受热带丛林风情

持明寺有尊自泰国请回的四面佛，往寺庙后的茄苳步道走去，沿路是大片阔叶木、纠结摆荡的爬藤植物，漫步其中可以领略热带丛林风情。

Data
🏠 云林县古坑乡东部山区，沿149甲县道往峭壁雄风（持明寺）方向

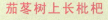

茄苳树上长枇杷

茄苳步道最引人注目的是长在茄苳树上的枇杷。当地人解释，这应是老茄苳树枝干折断后，枇杷种子正好落在树干腐败的部分，就顺势长出来形成这幅特殊景致。

15:00

峭壁雄峰步道
陡峭岩壁惊险攀爬

陡峭岩壁被分为两段，从持明寺向下是358级的陡峭石级，接下来是惊险刺激的拉绳攀爬。拉着绳索向下缓降至河床，45度斜坡让人望而生畏。游客初到此处还是小心为妙。

Data
🏠 云林县古坑乡东部山区，从持明寺广场往下便可抵达峭壁雄风步道

九芎神木

位于古坑乡草岭村石壁，历经雷公电击、地主辟地焚树及贺伯风灾三大历劫，九芎神木依旧遵循冬落叶、春脱皮的生长规律，成为山苏、鹅掌藤攀附的主体，其旺盛生命力也成为当地的精神象征。神木芳龄至今为谜，不过从粗壮干身略可推知老树历史悠久，而节瘤造成的特殊造型，也像极了各式动物，发挥一点想象力，你可以发现老树上有鳄鱼、猕猴、象鼻等"文身"。

草岭苦茶油

云林县草岭地区苦茶油是全台生产苦茶油最多的地方，品质相当上乘。草岭苦茶油味道香浓、质地颇佳，对胃有舒缓作用，适合当礼品。

Data
一心特产行
🏠 云林县古坑乡草岭村34-12号
☎ (05)583-1159
🕐 8:00~21:00
💰 500新台币/瓶

责任编辑：朱轶佳　neverland1220@hotmail.com
　　　　　于佳宁　freyalise_mage@hotmail.com
责任印制：冯冬青

图书在版编目（CIP）数据

中台湾二日游 / 行遍天下记者群著. —— 北京：中国
旅游出版社，2013.1
　　ISBN 978-7-5032-4623-4

　Ⅰ. ①中… Ⅱ. ①行… Ⅲ. ①旅游指南–台湾省
Ⅳ. ① K928.958

中国版本图书馆CIP数据核字（2012）第287623号

北京市版权局著作权合同登记号：图字：01–2012–8590

书　　　名：中台湾二日游

作　　　者：行遍天下记者群
出版发行：中国旅游出版社
　　　　　（北京建国门内大街甲9号　邮编：100005）
　　　　　http://www.cttp.net.cn　E-mail:cttp@cnta.gov.cn
　　　　　营销中心电话：010-85166503
排　　版：北京中文天地文化艺术有限公司
经　　销：全国各地新华书店
印　　刷：北京金吉士印刷有限责任公司
版　　次：2013年1月第1版　2013年1月第1次印刷
开　　本：720毫米×970毫米　1/16
印　　张：12.5
字　　数：236千
定　　价：38.00元
ＩＳＢＮ　978-7-5032-4623-4